GEMEINSAM GEGEN OSTEOPOROSE

DR. HELGE RIEPENHOF
HOLGER STROMBERG

GEMEINSAM GEGEN OSTEOPOROSE

Unter Mitarbeit von Anna Cavelius
und Franziska Pfeiffer

Inhalt

Die Icons bei den Rezepten

Vegan

Vegetarisch

Flexitarisch

Entzündungshemmend

Basenbildend

Kalzium-Booster

Vorwort

Liebe Leserin, lieber Leser,

lange galten brüchige Knochen als ein unausweichliches Schicksal, das mit dem Älterwerden früher oder später drohte. Tatsächlich erkranken jedes Jahr mehr als 850 000 Menschen in Deutschland an Osteoporose und die Zahl der Erkrankungen nimmt stetig zu. Was sich hinter dieser Entwicklung verbirgt, sind die Vor- und Nachteile des medizinischen Fortschritts: Wir werden immer älter und damit steigt eben auch das Risiko, eine mit dem Alter einhergehende Krankheit zu bekommen. Jeder Mensch verliert im Laufe seines Lebens mit abnehmender Hormonproduktion an Knochenmasse – das kann bei Frauen wie bei Männern zu brüchigeren Knochen führen. Trotzdem muss Osteoporose nicht jeden treffen – und jeder kann etwas dagegen tun.

Warum ist die Krankheit so gefährlich? Das liegt nicht zuletzt daran, dass man sie lange unterschätzt hat. Sie kommt auf leisen Sohlen und verursacht anfangs überhaupt keine Beschwerden. Weil viele Menschen erst im Spätstadium von ihrer Krankheit erfahren, wird nur jeder fünfte Osteoporose-Patient rechtzeitig therapiert. Bleibt die Krankheit unbehandelt, schreitet sie immer weiter still und leise voran. Dabei hat sich in der Therapie viel verbessert. Der Knochenabbau lässt sich medikamentös teilweise aufhalten und sogar ein Neuaufbau anschieben. Doch weshalb altern die Knochen bei den einen schneller, bei den anderen langsamer? Experten haben einige begünstigende Faktoren entlarvt, die alle mit dem Lebensstil zusammenhängen. Neben dem Alterungsprozess sind dies zu wenig Bewegung, eine Unterversorgung mit dem Sonnenvitamin D und eine wenig knochenschützende Ernährungsweise. An diesen Hebeln kann jeder für sich ansetzen, garantiert ohne Nebenwirkungen. So lässt sich das Rad oft aufhalten oder sogar etwas zurückdrehen und man muss keine Angst vor Brüchen und ihren Folgen haben.

Es ist nie zu spät, mit dem Knochenschutz anzufangen. Wir wissen heute, dass man selbst mit 70 Jahren und mehr noch viel erreichen kann. Das setzt aber voraus, dass man gut informiert ist und weiß, was für eine knochenfreundliche Ernährung, die richtige Bewegung und einen gesunden Lebensstil wichtig ist. Wie das genau funktioniert und worauf Sie achten müssen, erfahren Sie in diesem Buch. Es ist als Anregung zur Selbsthilfe gedacht. Wir informieren Sie ausführlich über Hintergründe zum Thema Osteoporose und den Zusammenhang mit der Ernährung. Denn jeder kann sein Essen zur wirksamen Medizin machen. Neben wissenschaftlichen Hintergründen geht es auch um Top-Lebensmittel für die Knochen, die in jede Küche gehören. Außerdem gibt es Übungen, mit denen Sie gezielt Muskeln aufbauen können, um dem gefürchteten Knochenabbau entgegenzuwirken. Das Herzstück unseres Buches sind natürlich die leckeren Rezepte für starke Knochen, die Sie möglichst oft auf den Teller bringen sollten. Legen Sie einfach los!

Alles Gute wünschen Ihnen

Dr. med. Helge Riepenhof und Holger Stromberg im Gespräch

Warum gilt Osteoporose als „unsichtbare Volkskrankheit"?

HR: In Deutschland leiden etwa sieben Millionen Frauen und Männer unter einem Mangel an Knochensubstanz. Etwa jede vierte Frau über 50 Jahren ist betroffen und jedes Jahr kommen ungefähr 850 000 neue Fälle dazu. Osteoporose wird oftmals sehr spät erkannt – häufig erst, wenn Schmerzen oder Knochenbrüche auftreten. Die Erkrankung entwickelt sich aber bereits vorher und fängt meistens schmerzlos an. Das Problem ist: Wenn es an Knochensubstanz mangelt, wird der Knochen immer weniger biegsam und anfälliger für Brüche. Daher kann es schon bei leichteren Stürzen oder sogar spontan im Alltagsgeschehen, zum Beispiel einfach nur beim Hochheben von Gegenständen, zu Knochenbrüchen kommen. Das erhöhte Risiko für Brüche betrifft Männer mit Osteoporose übrigens genauso wie Frauen. Laut der Weltgesundheitsorganisation WHO gehört Knochenschwund weltweit zu den zehn häufigsten Erkrankungen. Da so viele Menschen betroffen sind, aber nur so wenige wissen, dass sie dazugehören und deshalb etwas dagegen tun, trifft meiner Meinung nach die Bezeichnung „unsichtbare Volkskrankheit“ den Nagel auf den Kopf.

„Häufig kann die Notwendigkeit einer medikamentösen Therapie durch einfache Maßnahmen deutlich herausgezögert werden.“

HS: Dass es so viele trifft, hängt aus meiner Sicht auch mit unserem oft schlechten Lebensstil zusammen und einer Ernährungsweise, die sich vor allem in den vergangenen Jahrzehnten etabliert hat: Ein Zuviel an tierischen sowie stark verarbeiteten Fertignahrungsmitteln in Kombination mit einer Keine-Zeit-zum-Kochen-Work-Life-Balance. Zudem hat die zunehmende Zahl der Kleinhaushalte viele Menschen, jüngere wie ältere, vom Herd vertrieben. Sie sind nur wenig motiviert oder sehen keinen Sinn darin, für nur ein bis zwei Personen einzukaufen, zu kochen, zu spülen und die Küche zu putzen. Kochen und Essen haben ihren Stellenwert als Strukturgeber im Alltag und als „Gesundheitsmotor“ verloren. Lieber greift man, wenn man krank ist, zu Medikamenten. Die sollen es dann richten. Dabei ist Ernährung in den großen Heilsystemen der Welt immer eine Säule von Vorbeugung und Therapie. Denken wir an die Traditionelle Chinesische Medizin oder auch an unsere traditionelle Naturheilkunde. Für Sebastian Kneipp zum Beispiel war die Ernährung, vor allem eine pflanzenbetonte, wesentlich für die Erhaltung der Gesundheit.

Die Bedeutung der Knochen wird aber eher unterschätzt, oder?

HR: Ja, dabei ist der menschliche Knochen ein komplexes Gebilde und gleichzeitig ein ziemlich geniales Gewebe mit faszinierenden Fähigkeiten. Er ist fest und stabil, dabei aber auch biegsam. Aus biochemischer Sicht besteht Knochen zu 20 Prozent aus Wasser, zu 25 Prozent aus organischen und zu 55 Prozent aus anorganischen Bestandteilen. Seine Belastbarkeit ist äußerst bemerkenswert: Knochenhaut, Knochenrinde, Knochenzellen und Knochenknorpel bilden eine Substanz, die 16 500 Newton (N) Druck- bzw. Zugkraft widerstehen kann und eine Zugfestigkeit von 18 000 N hat. Was bedeutet, dass man beispielsweise mit dem Oberschenkelknochen ein 1,6 Tonnen schweres Fahrzeug ziehen könnte, ohne dass der Knochen dabei durchbrechen würde. Diese Fähigkeit nehmen die meisten Menschen gemeinhin lange Jahre als selbstverständlich hin. Doch bleiben wir bei dem Vergleich aus der Automobilindustrie, Knochen dienen auch in dieser Branche als Vorbild: extrem geringes Gewicht bei großer Zugfestigkeit. Daher simulieren viele Autobauer bei der Entwicklung von neuen Fahrzeuggenerationen die Struktur von Knochen.

Wie entsteht eigentlich Osteoporose?

HR: Man unterscheidet drei Formen der Osteoporose: Die primäre Osteoporose Typ I ist die mit Abstand häufigste Form. Sie betrifft überwiegend Frauen im Alter zwischen 50 und 70 Jahren. Bei ihnen wird zunächst vor allem die schwammartige Struktur des Knochens, die sogenannte Spongiosa, geschädigt. Daher kommt es besonders leicht zu Brüchen der Wirbelkörper, der Unterarmknochen (Elle und Speiche), der Rippen und des Oberschenkelhalses. Dann gibt es die primäre Osteoporose Typ II, sie betrifft auch Männer ab einem Alter von über 70 Jahren. Neben Schäden an der Spongiosa ist hier vermehrt auch die massive Knochensubstanz (die Knochenrinde, medizinisch: Kompakta) betroffen. Daher kommt es in diesen Fällen vorwiegend zu Brüchen der

Oberschenkel- und Unterarmknochen. Hauptursachen dieser primären Osteoporosen sind bei Frauen Östrogenmangel, ansonsten der natürliche Alterungsprozess der Knochen (daher nennt man sie auch „senile Osteoporose") sowie ein Mangel an Kalzium, Vitamin D und Bewegung.

„Der menschliche Knochen ist ein geniales Gewebe und unglaublich belastbar. Leider wird diese Fähigkeit gemeinhin lange Jahre als selbstverständlich hingenommen, dabei brauchen Knochen unseren Schutz."

HS: Aus Ernährungssicht ist das Verrückte ja, dass wir in Deutschland in einem Land des Lebensmittelüberflusses leben, es aber laut der Nationalen Verzehrstudie II nicht schaffen, unseren täglichen Kalziumbedarf zu decken. Der ist mit 1 Gramm pro Tag nicht so groß. Dass er nicht erreicht wird, liegt aus meiner Sicht daran, dass nicht mehr ausgewogen gegessen wird. Es kommen zu wenig kalziumreiche pflanzliche Produkte oder auch gut verträgliche fermentierte Milchprodukte (wie Joghurt oder Kefir) auf den Tisch, dafür aber jede Menge „Kalziumräuber" wie zu viel Salz, zu viele Fertiggerichte und zu viel tierisches Eiweiß in Form von Fleisch und Wurst.

Welche Osteoporose-Formen gibt es noch?

HR: Die sekundäre Osteoporose betrifft beide Geschlechter. In diesem Fall entsteht sie als Folge einer anderen Grundkrankheit. Nur 5 Prozent aller Osteoporosen zählen hierzu. Ursachen dafür sind: Kalzium- und/oder Vitamin-D-Mangel, bestimmte Medikamente, die über einen langen Zeitraum eingenommen werden, Überfunktion der Nebennierenrinde, bestimmte hormonproduzierende Tumore, Schilddrüsenüberfunktion, Erkrankungen des Magen-Darm-Trakts, die mit einer Mangelaufnahme von Nahrungsmitteln einhergehen, übermäßiger Konsum von Alkohol, Zigaretten oder Kaffee oder lange Bettlägerigkeit.

Welche Rolle spielen Entzündungen beim Krankheitsgeschehen?

HR: Chronische Entzündungen fördern die Entstehung der Osteoporose. Bei einer Entzündung werden Zytokine freigesetzt, die die Tätigkeit der Osteoklasten (siehe Seite 19) stimulieren. Das Ergebnis ist, dass vermehrt Knochen abgebaut wird. Aus diesem Grund sollten Menschen mit chronischen Entzündungen auch regelmäßig ihre Knochendichte überprüfen lassen.

Was können wir nicht beeinflussen?

HR: Die familiäre Häufung von Osteoporose und Erkrankungen, die einen zwingen, Knochensubstanz verbrauchende Medikamente einzunehmen. Wenn man beispielsweise wegen Rheuma, Asthma, COPD oder Autoimmunerkrankungen darauf angewiesen ist, Kortison einzunehmen, ist dieses gegen die Grunderkrankung natürlich sehr häufig der „Heilsbringer" und wirkt hervorragend gegen Schmerzen und Entzündungen. Aber leider ist Kortison ein wesentlicher Faktor bei der Entstehung von Osteoporose: Es steigert nicht nur den Knochenabbau, viel stärker verhindert es auch den Knochenaufbau. Leider ist es bislang noch nicht gelungen, einen kortisonähnlichen Stoff herzustellen, der antientzündlich wirkt, aber zugleich den Knochenstoffwechsel nicht negativ beeinflusst. Auch der natürliche Knochenabbau ist nicht zu stoppen und lässt sich nur sehr bedingt beeinflussen. Es gibt eine sogenannte Peak-bone-mass-Phase beim Menschen: Das sind die Jahre, in denen die Knochenmasse am höchsten ist. Sie liegt in der Regel zwischen dem 25. und 35. Lebensjahr. Man geht davon aus, dass Frauen unter „normalen Umständen" etwa 20 bis 30 Prozent dieser Masse wieder verlieren, Männer etwas weniger.

Was ist so gefährlich am Knochenschwund?

HR: Osteoporose ist keine normale Alterserscheinung oder bedeutet einfach „alternder Knochen". Ein Substanzverlust des Knochens ist eine Erkrankung, die therapiert werden muss. Das Hauptproblem bei der Osteoporose besteht darin, dass sie häufig sehr spät erkannt wird und die Betroffenen erst zum Arzt gehen, wenn sie unter Schmerzen leiden oder Knochenbrüche erlitten haben. Statistisch wird weniger als ein Viertel der Osteoporose-Fälle frühzeitig diagnostiziert und behandelt.

„Es ist wichtig, hat sich aber leider noch nicht überall herumgesprochen, dass wir uns schon frühzeitig um die Gesundheit unserer Knochen kümmern sollten, bevor irgendetwas wehtut."

Dabei könnte man die Osteoporose erfolgreich und sanft therapieren, wenn man sie bereits im Anfangsstadium erkennt. Gleichzeitig ließe sich durch frühes Eingreifen auch mehr Knochensubstanz erhalten. Passiert das nicht oder zu spät, wird der Knochen immer starrer und bruchanfälliger – oft mit schlimmen Folgen: Knochen brechen schon bei harmlosen Stürzen oder sogar bei leichten Belastungen. Da reicht es dann bereits, wenn man etwas hochhebt. Hinzu kommt dann noch, dass ein Knochen, der schon mal gebrochen war, bei Osteoporose-Patienten schlechter und länger heilt. Es besteht also nicht nur ein Risiko für Komplikationen, auch die Behandlung ist erschwert: Wenn man beispielsweise einen osteoporotischen Knochen operieren will, lassen sich Schrauben und Platten nur wie in einem Käse fixieren. Es hält nichts so richtig fest und Stabilität lässt sich nur sehr schwer erzeugen.

Welche Knochenstrukturen sind am ehesten betroffen?

HR: Durch die Osteoporose nimmt insbesondere in späteren Stadien die Dicke der Knochenhülle ab. Die Spongiosa ist sehr gut durchblutet und liegt wie ein Netz im Inneren des Knochens. Sie ist sehr weich und in ihr verbinden sich viele Knochenbälkchen, die erheblich zur Stabilität beitragen. Durch die Osteoporose aber nimmt die Anzahl der Knochenbälkchen ab, genauso wie die Anzahl der Verbindungen dazwischen.

Wann geht es damit los?

HR: Das Knochengewebe verändert sich ständig: Die Osteoklasten bauen den Knochen ab, die Osteoblasten bauen ihn auf. Durch dieses geniale Erneuerungsprinzip haben wir praktisch in jedem Lebensalter ein Skelett, das ungefähr zehn Jahre alt ist, denn so lange dauert ein kompletter Ab- und Aufbauprozess. Ab etwa dem 35. Lebensjahr kommt es zu einem vermehrten Verlust von Knochensubstanz. Im Detail ist das ein extrem komplexer Prozess. Vereinfacht dargestellt funktioniert er so: Auf der einen Seite regen die Osteoblasten nicht nur die Knochenproduktion an, sondern stimulieren zudem die Ausschüttung einer Substanz, die das Skelett vor dem Abbau schützt. Auf der anderen Seite produzieren sie aber auch einen Botenstoff, der die Osteoklasten anregt. Osteoblasten fördern daher die Bildung von Osteoklasten, nur so kann es zu einem Gleichgewicht von Stimulation und Hemmung kommen. Östrogene, Kalzium, Bewegung und viele andere Faktoren regen ebenfalls die Ausschüttung der knochenschützenden Substanz an. Stoffe wie Kortison oder das Parathormon aus der Nebenschilddrüse sowie Entzündungsprozesse (wie beim Rheuma) fördern eher den Knochenabbau. Hält die Abbauphase länger an, verliert der Körper immer mehr Knochensubstanz – und die Osteoporose beginnt.

Woran merkt man das?

HR: Als frühe Symptome treten sehr häufig Rückenschmerzen auf. Daran leidet jeder zweite Deutsche regelmäßig. Und längst nicht immer steckt, wie so häufig vermutet, ein Bandscheibenvorfall dahinter. In mindestens jedem zehnten Fall ist es die beginnende Osteoporose, die die Schmerzen auslöst. Ursache für diese Rückenschmerzen sind Knochenbrüche, die nach ganz banalen Dingen auftreten, etwa bei Drehbewegungen oder beim Einsteigen ins Auto. Die Wirbelkörper brechen – schlimmstenfalls auch an mehreren Stellen – ein. Danach verformt sich die Wirbelsäule, sodass ein Rundrücken entsteht, der noch heute als sogenannter Witwenbuckel bezeichnet wird. Zunächst tun also die Brüche weh, später verursachen dann die Verformungen Schmerzen. In diesem Stadium ist die Lebensqualität bereits massiv eingeschränkt.

Wovor haben Osteoporose-Patienten am meisten Angst?

HR: Es gibt zwei Gruppen von Patienten, die ich in der Klinik sehe. Zur ersten Gruppe gehören die, die einen Knochenbruch erlitten haben, der von uns operiert wurde, und denen wir dann mitteilen müssen, dass sie Osteoporose haben und welche Risiken nun für sie bestehen. Diese Patienten haben große Angst, dass der gebrochene Knochen nicht heilt oder dass sie sich einen weiteren Bruch, insbesondere im Becken, in der Wirbelsäule oder im Bereich des Handgelenks, zuziehen. Sie fürchten also die unmittelbare Folge, den Knochenbruch, und die damit verbundenen Schmerzen.

„Jeder von uns hat jeden Tag mehrmals die Möglichkeit, mit seiner Ernährung die entscheidenden Weichen für eine Besserung der Beschwerden oder ein weiteres Fortschreiten der Erkrankung zu stellen."

Die zweite Gruppe der Betroffenen leidet bereits länger an Osteoporose und hat schon mehrere Knochenbrüche hinter sich. Viele haben sich sogar an die damit verbundenen Schmerzen gewöhnt – so zynisch dies auch klingen mag. Diese Patienten fürchten nicht mehr den Knochenbruch selbst, sondern haben Angst davor, ihre Selbstständigkeit zu verlieren. Beinahe 20 Prozent der Menschen, die einen Schenkelhalsbruch hatten, sind danach auf Pflege angewiesen. Und mehr als 10 Prozent der über 80-Jährigen stirbt sogar an den Folgen des Bruchs.

Lange hieß es, Osteoporose sei ein reines Frauenthema. Stimmt das?

HR: Der überwiegende Anteil der Osteoporose-Patienten ist weiblich. Der Grund hierfür ist, dass durch den Mangel an Östrogen ein Stoff wegfällt, der den Knochenspeicher sonst zum Wachstum stimuliert. Osteoporose ist deshalb längst nicht nur ein Frauenthema, auch Männer können daran erkranken. Immerhin trifft es hierzulande bei den über 50-Jährigen 4,4 Prozent im Jahr. Das ist ähnlich häufig wie Asthma (4,8 Prozent) oder Herzinfarkt (4,5 Prozent) und deutlich häufiger als Schlaganfall (2,5 Prozent). Bei Männern geht man davon aus, dass ungefähr hinter der Hälfte der Osteoporose-Fälle andere „Grunderkrankungen“ oder ein schlechter Lebensstil stecken. Es kann zum Beispiel sein, dass jemand regelmäßig Kortison nimmt, kalziumarm isst, wenig Testosteron produziert, viel raucht oder reichlich Alkohol trinkt und dadurch die Entstehung begünstigt.

Welches Geschlecht hat eine schlechtere Prognose?

HR: Die Sterblichkeit aufgrund einer Osteoporose ist bei Männern deutlich höher als bei Frauen. Das ist darauf zurückzuführen, dass Männer sehr viel häufiger an einer sekundären Osteoporose leiden (siehe Seite 10). Hinzu kommt, dass sie im Vergleich zu Frauen bei gleichem Osteoporose-Wert (dem T-Wert oder auch T-Score) ein größeres Risiko für Knochenbrüche haben. Neben vielen anderen Faktoren liegt das auch daran, dass Männer im Durchschnitt mehr Gewicht auf die Waage bringen als Frauen.

Gibt es Medikamente, mit denen man Osteoporose wirkungsvoll behandeln kann?

HR: Ja, man darf allerdings nicht davon ausgehen, dass Standardmedikamente bei Menschen in höherem Alter noch zu einem erheblichen Knochenzuwachs führen. Sie können aber bewirken, dass die Knochensubstanz möglichst gut erhalten bleibt. Auch ein geringer Zuwachs an Knochensubstanz lässt sich beobachten. Die wirksamste medikamentöse Therapie besteht aus einer Kombination von Kalzium und Vitamin D, Bisphosphonaten und Östrogenrezeptormodulatoren. Kalzium ist einer der Grundbaustoffe für unsere Knochen, aber auch die Muskeln brauchen den Mineralstoff, um funktionsfähig zu sein. Vitamin D ist ein lebenswichtiges Hormon. Es hilft dem Körper, Kalzium aus dem Darm besser aufzunehmen, und ist an vielen Stoffwechselvorgängen beteiligt. Bisphosphonate stärken den Knochen und hemmen die Aktivität der Osteoklasten.

Vorbeugen ist das A und O

Die Weltgesundheitsorganisation WHO geht davon aus, dass sich die Anzahl der Knochenbrüche aufgrund von Osteoporose bis 2050 weltweit vervierfachen wird. Insbesondere in Deutschland und anderen wirtschaftlich sehr starken Industriestaaten ist eine noch deutlichere Zunahme zu erwarten. Gründe dafür sind unter anderem der erhebliche Bewegungsmangel und die Tatsache, dass wir aufgrund der guten medizinischen Möglichkeiten im Durchschnitt immer älter werden. Allerdings: Wir werden zwar länger leben, aber nicht unbedingt besser, weil die Lebensqualität durch die massive Zunahme von Erkrankungen erheblich eingeschränkt sein wird. Durch einen gesunden Lebensstil frühzeitig vorzubeugen sollte deshalb das A und O sein.

Außerdem überleben die Knochenzellen (Osteozyten) länger, weil Bisphosphonate sie schützen. Östrogenrezeptormodulatoren helfen, Osteoporose nach der Menopause vorzubeugen. Parathormon regt den Knochenaufbau an, wird aber eher seltener gegeben. Es kommt erst dann zum Einsatz, wenn die Osteoporose bereits sehr ausgeprägt ist oder die anderen Medikamente keine ausreichende Wirkung gezeigt haben. Ein noch jüngeres Medikament

ist Strontiumranelat (Protelos). Es hemmt die knochenabbauenden Zellen und fördert die knochenaufbauenden.

Kann eine Therapie auch ohne Medikamente funktionieren?

HR: In gewissem Rahmen ja, allerdings müssen die Grenzen der nichtmedikamentösen Therapie immer berücksichtigt werden. Vitamin D kann der Körper zum Beispiel selbst in der Haut produzieren, hierfür benötigt er Sonnenlicht. Es ist aber nicht ratsam, sich deshalb stundenlang zu sonnen, denn zu viel UV-Strahlung birgt andere Gefahren. Sie erhöht das Hautkrebsrisiko, was vor allem für Menschen mit empfindlicher Haut alles andere als unbedenklich ist.

HS: Es ist wie so oft auch immer eine Frage des Lebensstils. Ernährung und Bewegung sind einfach effiziente Stellschrauben. Das bedeutet allerdings, dass man so früh wie möglich etwas tun sollte. Also am besten, solange man gesund und fit ist. Sind die Knochen bereits in Mitleidenschaft gezogen, ist es wichtig, dass man selbst die Initiative ergreift und nicht nur auf eine Besserung durch Medikamente wartet, sondern jeden Tag zusätzlich aktiv etwas für sich tut: eben durch Bewegung und bewusstes Essen und Trinken. Die Vorteile liegen auf der Hand, denn jedes Medikament hat Nebenwirkungen und kann andere Körperfunktionen beeinträchtigen. Also lieber die Ursachen als die Symptome bekämpfen.

„Die vorhandene Knochenmasse lässt sich durch die Kombination von Training und richtiger Ernährung erhalten. Häufig kann die Notwendigkeit einer medikamentösen Therapie durch diese einfachen Maßnahmen deutlich herausgezögert werden."

Lässt sich Knochenmasse in jedem Alter aufbauen?

HR: Leider lässt sich Knochenmasse in großen Mengen nicht problemlos in jedem Alter und ohne Medikamente aufbauen. ABER: Was auf jeden Fall gelingt, ist, dass man die vorhandene Knochenmasse zu wesentlichen Teilen durch die Kombination von effektivem Training und richtiger Ernährung erhalten kann. Und vor allem kann mit relativ einfachen Maßnahmen die Notwendigkeit einer medikamentösen Therapie bei vielen Betroffenen deutlich herausgezögert werden. Es lohnt sich also unbedingt, selbst aktiv zu werden. Das ist unser wichtigster Appell!

Was kann jeder gegen Osteoporose tun?

HR: Jeder hat es in der Hand, gegen die Ursachen der Krankheit vorzugehen – ob das Bewegungs- oder Östrogenmangel ist, der Konsum von Alkohol und/oder Nikotin, eine mangelhafte Versorgung mit Kalzium und Vitamin D, eine zu geringe oder überhöhte Proteinzufuhr oder eine zu hohe Aufnahme von Natrium (Kochsalz) und Phosphat. Auch wie viel gesundes Obst und Gemüse man isst, entscheidet jeder selbst. Wie so häufig muss man aber grundsätzlich verstehen, dass sich sämtliche Maßnahmen ergänzen. Es bringt also nichts, lediglich Vitamin D einzunehmen und zu denken, dass man sich nun nicht mehr bewegen muss. Nur die Kombination von Therapien – und insbesondere von Ernährung und Bewegung – kann zum Erfolg führen.

HS: Jeder von uns hat also jeden Tag die Möglichkeit, mit seiner Ernährung die entscheidenden Weichen für weniger Beschwerden und gegen ein weiteres Fortschreiten der Erkrankung zu stellen. Das Gute ist: Schon wenn man einfache Hebel umlegt und kleine Veränderungen im Alltag vornimmt, kann man deutlich mehr Lebensqualität erlangen.

Welche Rolle spielt das Körpergewicht?

HR: Sowohl Übergewicht als auch Untergewicht sind mit Blick auf die Osteoporose Risikofaktoren. Übergewicht begünstigt vor allem die Entstehung von Frakturen und die Verformung der Wirbelsäule. Menschen mit Untergewicht leiden meist an einem Mangel an Substanzen, die für die Knochengesundheit wichtig sind, wie Vitamin D oder Kalzium. Auch eine Mindestmenge an Fettgewebe ist notwendig, da hier wichtige Hormone gespeichert werden. Ist das Fettgewebe nicht vorhanden, hat der Körper keine Reserven mehr. Als Faustregel gilt, dass ein Body-Mass-Index unter 20 kg/m² ungünstig ist.

Welche Rolle spielt die Muskulatur?

HR: Die Muskulatur ist ganz entscheidend, um sich als Osteoporose-Patient die Lebensqualität zu erhalten. Wichtig ist insbesondere die quer gestreifte Skelettmuskulatur als Schutz vor Knochenbrüchen. Ein einfaches Stolpern zum Beispiel kann durch genug schnellkräftige Muskulatur oftmals abgefangen werden. Kommt es doch zu einem Sturz, schützt die Muskulatur den Knochen. Selbst wenn die Knochenstruktur schon erheblich nachgelassen hat, kann ein kräftiger muskulärer Apparat den Knochen vor Brüchen schützen und so lebensrettend sein. Die Übungen in diesem Buch (ab Seite 160) dienen daher insbesondere auch zur Vermehrung der Muskelmasse und zur Entwicklung von schnellkräftiger Muskulatur.

„Pflanzenbasiert heißt niemals Verzicht, ganz im Gegenteil. Lebensmittel aus tierischen Quellen avancieren hier zur kleinen, feinen Beilage auf dem Teller. Das ist gut für die Knochen und auch für den ganzen Körper."

Muskulatur belastet den Knochen und stimuliert so Knochenheilung und „Knochenwachstum": Wenn wir den Muskel anspannen, erfährt der Knochen immer auch einen gewissen Zug oder Druck. Dieser Reiz fördert den Knochenstoffwechsel und wirkt dem Knochenabbau entgegen. Und: Muskulatur rettet im Fall eines Falles. Wenn es doch zum Worst Case kommen sollte, man stürzt und sich einen Knochen bricht, dann ist die

Muskulatur lebensnotwendig. Denn schließlich muss man nach jedem Sturz entweder wieder aufstehen oder zumindest Hilfe holen können. Und dafür benötigt man Muskulatur!

Wie weit kann Ernährung vorbeugen?

HR: Das primäre Ziel einer vorbeugenden Ernährung ist, sämtliche Baustoffe immer dort in ausreichender Form vorliegen zu haben, wo sie benötigt werden. Im Vordergrund einer knochengesunden Küche stehen dabei Kalzium und Vitamin D.

HS: Es gilt, die richtigen Nährstoffe in den passenden Mengen für alle Funktionen und Abläufe des Körpers zur Verfügung zu stellen. Vor allem müssen Mangelerscheinungen über längere Zeiträume vermieden werden. Wir wissen ja, dass wir mit dem Knochenhormon Kalzium unterversorgt sind. Die Ernährung spielt eine entscheidende Rolle in der Prävention und auch in der begleitenden Behandlung. Andersherum: Fehlen dem Körper Nährstoffe, die er für die Knochen und einen gesunden Stoffwechsel benötigt, können die Reparatur- bzw. Regenerationsprozesse vom Organismus nicht oder nur unzureichend durchgeführt werden. Dadurch, dass man sich antientzündlich ernährt und daher bewusst auf bestimmte Lebensmittel verzichtet, kann man auch Entzündungsherde im Körper effektiv bekämpfen.

Was sind die wichtigsten Punkte, auf die man achten sollte?

HS: Empfehlenswert ist eine Ernährung mit überwiegend pflanzlichen Lebensmitteln; diese sollten bestenfalls mindestens 85 Prozent der gesamten Ernährung ausmachen. Das Gros besteht idealerweise aus frischem Gemüse, Obst, Kräutern und Hülsenfrüchten. Der maximale Anteil an Lebensmitteln tierischen Ursprungs beträgt demnach nicht mehr als 15 Prozent. Fleisch, Fisch, Eier und Käse sind zwar gute Eiweißlieferanten und damit wichtig für die Knochen, aber hier kann man auch sehr gut auf pflanzliche Proteinquellen zurückgreifen. Eine solche Ernährungsweise ist nicht nur für das Skelett ideal, sondern bietet auf breiter Ebene viele weitere gesundheitliche Vorteile. Nicht zu vergessen: Die verwendeten Lebensmittel sollten frisch und unverarbeitet sein. Ausnahmen sind selbstverständlich clevere Verarbeitungsschritte, wie zum Beispiel Fermentieren bei Milchprodukten zu Joghurt oder anderen Sauermilchprodukten, die gute Kalziumlieferanten sind. Auch Gemüse und Getränke lassen sich fermentieren – beispielsweise rohes Sauerkraut oder Kombucha. Vor allem bei Vollkornteigen macht die sogenannte Sauerteigführung, also die Herstellung über mehrere Stufen, das Brot bekömmlicher. Wichtig ist außerdem die vielfältige Zusammensetzung eines Gerichts, denn Mikronährstoffe wie Vitamine, Mineralstoffe und Enzyme arbeiten Hand in Hand und werden in den meisten Fällen erst im Mix richtig wertvoll für uns. Sie interagieren und bedingen sich gegenseitig in ihren Wirkungen.

„Wer seine Knochen schützen und stärken will, sollte sich auch die Zeit nehmen, sich bewusst mit seinem Essen auseinanderzusetzen, ungewohnte Zutaten auszuprobieren und vor allem selbst zu kochen. Das ist nicht schwierig – und man wird mit jedem Kocherlebnis besser.“

HR: Entscheidend sind die Bausteine des Knochens und des Stoffwechsels, die finden sich in Joghurt, Käse, Milch – wenn man sie verträgt – und in grünem Gemüse. Diese Lebensmittel sind Bestandteile einer mediterranen Vollwertkost. Günstig ist auch kalziumhaltiges Mineralwasser. Bei Milchprodukten gibt es allerdings auch Nachteile zu bedenken (siehe Seite 36).

Haben Vegetarier oder Veganer Nachteile bezüglich ihres Osteoporose-Risikos?

HS: Wer vegetarisch lebt, aber Milchprodukte und Eier isst (ovo-lakto-vegetarisch), hat im Vergleich zu Menschen, die nur hin und wieder Fleisch zu sich nehmen (flexitarisch), keine schlechteren Knochen. Auch das Risiko für Brüche ist nicht erhöht. Studien mit Veganern lassen derzeit noch keine eindeutigen Schlüsse zu. Während in manchen Untersuchungen eine niedrigere Knochendichte und ein erhöhtes Frakturrisiko bei Veganern beobachtet wurden, ließen sich in anderen Studien keine Unterschiede zu Mischköstlern feststellen. Von entscheidender Bedeutung ist tatsächlich der Nährstoff-Mix – und der ist bei einer gemüselastigen, eiweißreichen Ernährungsweise optimal für die Knochen.

HR: Dennoch sollte sich auch jeder vegetarisch oder vegan lebende Mensch routinemäßig auf Osteoporose untersuchen lassen.

Wie viel muss ich jeden Tag tun, um dem Knochenschwund vorzubeugen?

HR: Zehn Minuten gezieltes Training täglich reichen, wenn man sich ansonsten viel bewegt und nicht nur auf der Couch sitzt. Jeder Spaziergang hilft schon, die Knochendichte zu verbessern. Es darf aber natürlich gerne auch mehr sein.

HS: Wenn man clever plant, einkauft und vorbereitet, hat man auch in der Küche keinen großen Zeitaufwand, um sich und seine Knochen optimal zu versorgen. Und muss keine Minute lang auf Genuss verzichten.

ERNÄHRUNGS-BASICS BEI OSTEOPOROSE

Welch wichtige Rolle die Ernährung bei der Vorbeugung und Behandlung einer Osteoporose spielt, kann man nicht oft genug betonen. Das Gute: Die „Knochenräuber“-Krankheit erfordert keine aufwendige Ernährungsumstellung. Richtig essen bei Osteoporose ist ganz einfach. Sie machen schon das meiste richtig, wenn Sie für Frische und Abwechslung auf dem Teller sorgen. Das gelingt mit einer überwiegend pflanzenbasierten und mineralstoffreichen Ernährungsweise problemlos. Dann haben Sie täglich die Vitamine, Mineralstoffe und Spurenelemente auf dem Tisch, die für gesunde Knochen nötig sind. Holger Stromberg erklärt Ihnen, wie Sie mit der richtigen Ernährung Ihre Knochen schützen können.

Was den Knochen schadet

Jeder Knochen unterliegt einem natürlichen Alterungsprozess. Daran lässt sich nichts ändern. Ob daraus aber eine gefährliche Osteoporose wird, das haben wir mit unserem Lebensstil selbst in der Hand. Gehen Sie mit auf Ursachenforschung und erfahren Sie, was Ihren Knochen schadet und wie Sie sie schützen können.

Lange hieß es, dass Knochenschwund mit dem natürlichen Alterungsprozess einhergehe und man sich über kurz oder lang damit abfinden müsse. Wer dann noch entsprechend familiär veranlagt sei, der müsse einfach damit rechnen, dass es irgendwann zu Brüchen komme. Heute weiß man glücklicherweise mehr. Viele Medizinexperten sind sich darin einig, dass brüchige Knochen kein Schicksal sind und man ihnen gut vorbeugen kann. Die wichtigste Stellschraube neben viel körperlicher Aktivität und Vitamin-D-spendendem Sonnenlicht ist – wie so oft – das, was wir täglich tun: essen und trinken.

Lebenswichtige Haltgeber

Was viele von uns manchmal vergessen oder vielleicht auch nicht wissen: Unser Skelett wird bereits im Mutterleib geformt, wenn wir noch gar nicht auf der Welt sind. Deshalb ist es auch so wichtig, dass sich Schwangere gesund ernähren und aktiv sind, denn das tut nicht nur ihnen selbst gut, sondern auch der (Knochen-) Gesundheit des ungeborenen Babys. Knochen sind ein lebendiges Gewebe und unentbehrlich für unser Wohlbefinden: Sie wachsen bis ins frühe Erwachsenenalter und werden dabei immer stärker, größer und dichter. Das ist wichtig, denn unser Skelett soll uns ein Leben lang stützen. Doch unsere Knochen halten uns nicht nur in der Senkrechten, in ihnen werden auch Zellen hergestellt und Mineralien gespeichert. Etwa 98 Prozent des körpereigenen Kalziums sind ebenso wie ein Großteil

Die Stadien der Osteoporose

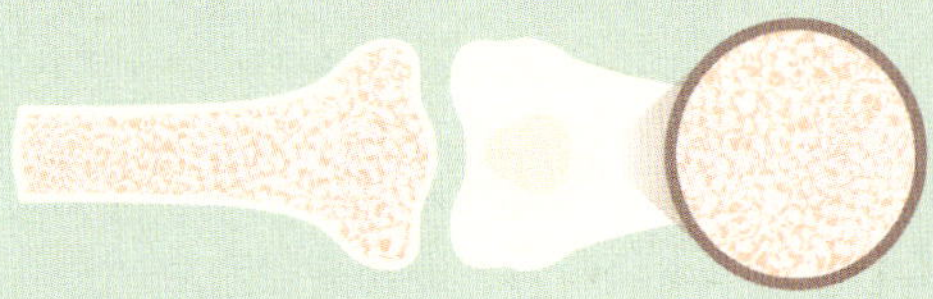

Gesunder Knochen
In diesem Stadium ist der Knochen noch voller Kalzium und stabil.

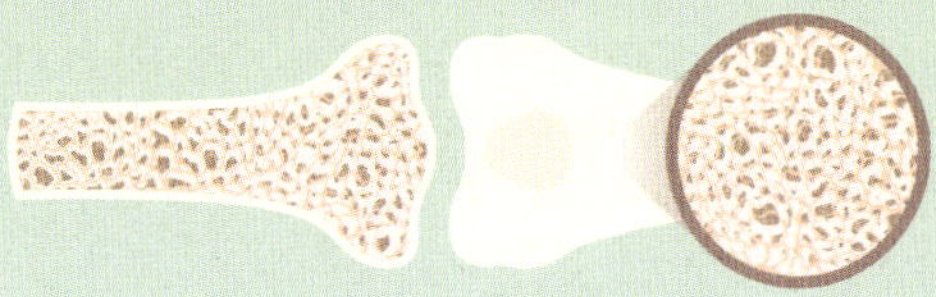

Osteoporose im Anfangsstadium
Jetzt verringert sich der Kalziumgehalt. Die Dichte nimmt ab, der Knochen wird spröde.

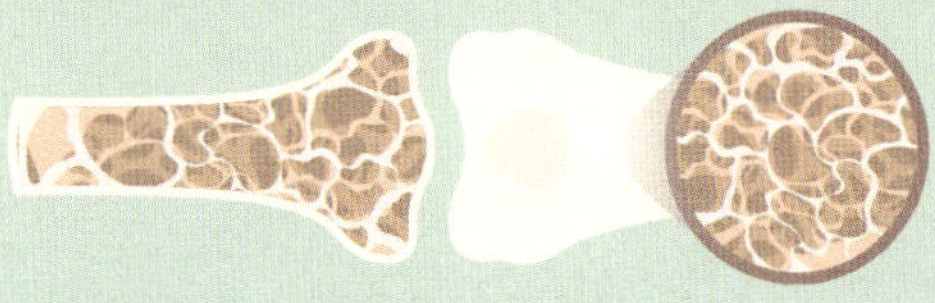

Osteoporose im Endstadium
Am Ende sieht der Knochen regelrecht löchrig aus und es kommt leicht zu Brüchen.

des Phosphors im Knochen deponiert. Außerdem befindet sich auch das wichtigste blutbildende Organ in den Knochen, genauer gesagt im Knochenmark: Hier entstehen die Vorläuferzellen für unsere weißen und roten Blutkörperchen. Die Plasmazellen werden hier ebenfalls produziert – sie sorgen in einem gesunden Körper für die Herstellung von immunschützenden Antikörpern. Weil unsere Knochen all das leisten, ist eine knochengesunde Ernährung unentbehrlich.

Maximale Knochendichte

Etwa zwischen dem 25. und 35. Lebensjahr erreichen wir die „Peak bone mass", die größte Knochendichte. In einem stetigen Umbauprozess werden bis dahin ältere Knochenschichten entfernt (Abbau) und durch neue ersetzt (Aufbau), dabei wird das Gewebe immer stärker verdichtet. Ihre Stabilität und Härte verdanken die Knochen einem Eiweißgerüst. Hier sind die Mineralstoffe Kalzium und Phosphor eingelagert. Die Umbauarbeiten in den Knochen übernehmen Osteoblasten (knochenaufbauende Zellen) und Osteoklasten (knochenabbauende Zellen). Beide werden in ihrer Aktivität von bestimmten Hormonen und Wachstumsfaktoren gesteuert. Spätestens nach dem 35. Geburtstag wird mehr Knochen abgebaut, als aufgebaut werden kann. Die Osteoklasten sind jetzt wesentlich aktiver als die Osteoblasten. Bei einer Osteoporose beschleunigt sich dieser natürliche Alterungsprozess im Knochen noch: Die Knochenbälkchen (Trabekeln) werden aufgelöst, weil der Körper sie zur Aufrechterhaltung eines konstanten Kalziumspiegels im Blut benötigt und sich deshalb verstärkt am Knochen bedient. Das bleibt nicht ohne Folgen. Die Mikroarchitektur des Knochens zerfällt, seine Dichte nimmt ab, er wird porös. Ein Sturz oder im Extremfall sogar ein Niesen kann jetzt zu einem Bruch führen.

Gesunde Knochen von Kind an

Weil Knochen nun mal „einfach da sind", achten wir in der Regel nicht genügend darauf, sie mit ausreichend Bewegung, Sonnenlicht und den Nährstoffen fit zu halten, die sie unbedingt brauchen. Dabei weiß man, dass schon der Lebensstil eines Kindes großen Einfluss auf sein Skelett und seine Knochendichte hat. Es ist wissenschaftlich belegt, dass Mädchen und Jungen, die sich viel auf natürliche Weise bewegen oder Sport treiben, als Erwachsene stärkere Knochen haben. Denn wenn die „Peak bone mass" nur um 10 Prozent höher ist, sinkt das Risiko um die Hälfte, dass Knochen später infolge einer Osteoporose brechen. Es ist also nie zu früh, um etwas für seine gesunden Knochen zu tun. Eltern sollten bei ihren Kindern von Anfang an auf ausreichend Bewegung achten, indem sie sie zum Beispiel in einen Sportverein schicken. Doch keine Sorge: Wenn das in der Kindheit versäumt wurde, ist es zum Glück nicht zu spät. Auch ältere Menschen können noch neue Knochenmasse aufbauen. „Gewusst wie" lautet dabei die Devise, denn sie müssen die richtigen Maßnahmen kennen.

Risiko erkennen

Ein Drittel der Frauen und ein Fünftel der Männer, die nichts für ihren Knochenschutz tun, werden im Alter von 60 plus einen Bruch erleiden – Tendenz steigend, weil wir immer älter werden. Zum Vergleich: Für Frauen ist das Risiko für Osteoporose höher, als an einem Brust-, Gebärmutter- oder Eierstockkrebs zu erkranken. Für Männer ist es höher als das von Prostatakrebs.

Reine Frauensache?

Es ist zwar richtig, dass Osteoporose bei Frauen häufiger vorkommt, eine reine Frauenkrankheit ist sie dennoch nicht. Frauen sollten aber folgende Risikofaktoren im Auge behalten und gut für ihre Knochen vorsorgen:

- **Wechseljahre:** Ab 50 steigt das Risiko für Knochenbrüche. Das liegt an veränderten Hormonspiegeln während und nach den Wechseljahren. In dieser Zeit stellt der Körper immer weniger Östrogen her, das über die gesamte fruchtbare Zeit einer Frau knochen- und gefäßschützend wirkt. Es wird mehr Knochen ab- als aufgebaut.
- **Schwangerschaften und Stillzeiten:** Es geht sehr viel körpereigenes Kalzium vom mütterlichen Skelett auf das Baby über.
- **Antibabypille:** Sie steht im Verdacht, Osteoporose zu begünstigen. Verantwortlich dafür sind die enthaltenen Hormone, etwa Gestagene. Während Mädchen zwischen 14 und 18 jährlich einen Knochendichtezuwachs von 2 bis 4 Prozent aufweisen, reduziert sich der Knochenaufbau um die Hälfte, wenn sie regelmäßig die Pille nehmen.
- **Operative Entfernung der Gebärmutter oder der Eierstöcke:** Da vor allem in den Eierstöcken knochenschützendes Östrogen hergestellt wird, verlangsamt sich nach ihrer Entfernung der Knochenaufbau. Der Knochenabbau beschleunigt sich.
- **Die Menstruation** hat einmal für mehr als ein Jahr ausgesetzt.
- **Späte erste Regelblutung, frühe Wechseljahre:** Zwischen der ersten und der letzten Regelblutung liegen mehr als 30 Jahre.
- **Die Menopause** liegt länger als zehn Jahre zurück.

Aber: Auch Männer über 50 erkranken an Osteoporose. Man nimmt an, dass bei ihnen ebenfalls ein Mangel an Sexualhormonen die Ursache für die verringerte Knochendichte ist. Bei Männern verläuft die Erkrankung in der Regel noch schleichender als bei Frauen, zudem ist sie weniger gut erforscht. Deshalb sollte auch jeder Mann frühzeitig auf seine Knochen achten.

Das fördert den Knochenabbau

Ein Drittel aller Osteoporose-Fälle sind genetisch bedingt. Hier heißt es: besonders frühzeitig gezielt vorbeugen und die Knochen stärken. Darüber hinaus gibt es viele schädigende Einflüsse, die Knochen schneller altern lassen. Gefördert wird dieser Prozess vor allem durch:

- **Bewegungsmangel und Vitamin-D-Mangel:** Ohne das bei Sonneneinstrahlung in der Haut gebildete Vitamin – eigentlich ein Hormon – kann kein Kalzium im Knochen eingebaut werden. Außerdem verbessert Vitamin D die Leistungsfähigkeit der Muskulatur und wirkt daher unterstützend bei der Sturzprophylaxe (siehe Seite 29).
- **Tabakrauch** beeinflusst die Hormonproduktion in der Leber und fördert die Bildung von Ablagerungen in den Blutgefäßen, die die Wirbelkörper ernähren sollen (Arteriosklerose). Junge Raucher haben als Erwachsene meist eine verminderte Knochendichte.
- **Alkohol** schränkt die Funktion der Osteoklasten ein und fördert die Ausscheidung von Kalzium.
- **Ungesunde Fette aus rotem Fleisch und Wurstwaren** regen die Stammzellen in den Knochen an, mehr Fett als Knochen- und Knorpelzellen zu bilden. Auch andere Ernährungssünden können Osteoporose fördern (siehe Seite 25).
- **Untergewicht (BMI unter 20)** ist ein Risikofaktor für osteoporotische Brüche und sollte deshalb vermieden werden. Überzogene Schlankheitsideale und einseitige Diäten können den Knochenschwund fördern.

Wenn man aus gesundheitlichen Gründen abspecken möchte, sollte man versuchen, dies mit einer ausgewogenen kalorienreduzierten Ernährung zu erreichen. Wichtig ist dabei auch eine ausreichende Zufuhr von Vitaminen und Spurenelementen.

Medikamente

Manche Medikamente sind zur Behandlung schwerer Krankheiten unerlässlich, doch als unerfreuliche Nebenwirkung fördern sie Abbauprozesse im Knochen. Dazu gehören Kortison und Magensäureblocker, aber auch Antidepressiva und Blutverdünner sowie Chemo- und Strahlentherapie bei Krebs. Leider findet im Rahmen der Behandlungen die knochenschädigende Wirkung der Medikamente meist kaum Beachtung. Auch Medikamente zur Hormonentzugstherapie bei bestimmten Krebsarten können das Risiko für Osteoporose erhöhen. Dabei lassen sich in vielen Fällen Knochenschädigungen verhindern, wenn entsprechende Vorsorgemaßnahmen ergriffen würden wie die, die wir Ihnen in diesem Buch vorstellen.

Außerdem kann eine Überdosierung des Schilddrüsenhormons L-Thyroxin, das Hashimoto-Patientinnen oder all jene, die an einer Schilddrüsenunterfunktion leiden, ein Leben lang einnehmen müssen, eine Osteoporose fördern. Die Knochenentwicklung wird maßgeblich durch die Schilddrüse gesteuert, da vor allem das Schilddrüsenhormon T3 (Trijodthyronin) den Knochenstoffwechsel beeinflusst. Deshalb sind hier regelmäßige Kontrollen durch ein Blutbild wichtig, sodass die Betroffenen gut eingestellt sind.

Fehl- und Mangelernährung

Dass Osteoporose in den Industrieländern heute zu den Volkskrankheiten gehört, liegt am modernen Lebensstil. Die Ernährungszustände haben sich so verändert, dass viele Menschen einen qualitativen Mangel erleiden, und das, obwohl uns ein Überfluss an Nahrungsmitteln zur Verfügung steht. Das Problem: Ein Teil der Esswaren (Fast Food, Junkfood, Süßwaren und -getränke, Fertiggerichte) befriedigt zwar bestimmte Geschmacksbedürfnisse und füllt den Magen, versorgt den Körper aber nicht mit den Stoffen, die er wirklich braucht. Deshalb spielt beim Krankheitsgeschehen von Osteoporose neben zu wenig Bewegung Mangelernährung eine Hauptrolle.

Der T-Wert

Mithilfe einer Knochendichtemessung kann man schnell feststellen, ob eine Osteoporose vorliegt. Durch sogenannte „Bone mineral density tests“ (BMD-Tests) wird die Dichte in verschiedenen Arealen des Skeletts gemessen – so lässt sich ein Risiko für spätere Brüche abschätzen. Als zuverlässigste Methode gilt die Knochendichtemessung mittels DXA. Sie geht schnell (5 bis 10 Minuten) und belastet die Patienten nicht. Leider gehört sie nicht zu den Kassenleistungen, ist aber relativ preiswert. Frauen ab 60 und Männer ab 70 sollten ihr Risiko abklären lassen, bevor es zu spürbaren Symptomen kommt. Die dabei ermittelte Knochendichte ergibt den sogenannten T-Wert. Zwischen 0 und -1 ist die Knochendichte normal. Bei einem T-Wert zwischen -1 und -2,5 geht man von einer verringerten Knochendichte aus. Bei einem T-Wert von -2,5 und weniger liegt Osteoporose vor. Eine Knochendichtemessung per Ultraschall ist zur systematischen Osteoporose-Früherkennung nicht geeignet.

Ältere Menschen müssen besonders gut auf ihre Mikronährstoffversorgung achten. Sie brauchen zwar weniger Energie, aber ausreichend Mineralstoffe und Vitamine. Die folgenden Faktoren sollte man bei einer knochengesunden Ernährung im Auge behalten:

▶ Ausreichende Kalziumversorgung

Frauen vor den Wechseljahren wird 1 Gramm Kalzium pro Tag empfohlen, nach den Wechseljahren sollten es sogar 1,5 Gramm sein. Diese Empfehlung gilt auch für Männer. Entscheidend für den Kalziumspiegel ist aber nicht nur die Menge, die wir mit dem Essen aufnehmen und dem Körper „anbieten". Vielmehr kommt es auf die Aufnahme im Körper, also die Bioverfügbarkeit, an. Kalzium wird über die Darmwand ins Blut transportiert, aktiviert hier sogenannte Kalziumsensoren und löst hormonelle Prozesse aus. Dabei spielt Vitamin D die Hauptrolle, aber auch das sogenannte Parathormon aus der Nebenschilddrüse ist von Bedeutung. Darüber hinaus gibt es noch etwa 200 andere Faktoren, die den Kalziumspiegel im Körper beeinflussen (dazu zählen beispielsweise die genetische Veranlagung und Bewegungsmangel). Fazit: Selbst wenn ausreichend Kalziumspender auf dem Speiseplan stehen, können „Knochenräuber" wie Phosphat und Co. (siehe Seite 25) die für den Körper verwertbare Menge erheblich einschränken.

Für Knochenschutz ist es nie zu spät

- Achten Sie auf eine nährstoffreiche Ernährung mit genügend Knochenmineralstoffen und -vitaminen (wie Kalzium, Magnesium, Selen, Zink, Vitamine D und K; siehe Seite ab 46).
- Achten Sie auf ein gesundes Gewicht und vermeiden Sie Eiweißmangel (z. B. durch Radikaldiäten oder bei einer vegetarischen/veganen Ernährung durch zu wenig pflanzliches Eiweiß). Erhalten Sie sich durch eine bedarfsgerechte Proteinzufuhr eine gesunde Muskulatur (siehe Seite 44).
- Nehmen Sie ausreichend Vitamin D durch Sonnenlicht auf oder besprechen Sie mit Ihrem Hausarzt, ob die Einnahme von Nahrungsergänzungsmitteln sinnvoll ist (siehe Seite 38).
- Seien Sie aktiv und gönnen Sie sich im Alltag möglichst viel Bewegung an der frischen Luft. Jeder Schritt zählt.
- Verzichten Sie auf Zellgifte wie Alkohol, Zigaretten und zu viel Zucker.
- Meiden Sie Lebensmittel mit entzündungsfördernden Inhaltsstoffen (siehe Seite 29).

▶ Chronische Entzündungen durch freie Radikale

Damit sich geschädigte Zellen nicht vermehren, wird jede Körperzelle bis zu 20 000-mal am Tag geprüft. Den Zellen setzen vor allem sogenannte freie Radikale zu, eine bestimmte hoch reaktive Sauerstoffspezies. Wenn zu viele von ihnen im Blut kursieren, können ihre Gegenspieler – Vitamine, Mineralstoffe und Spurenelemente – nichts mehr bewirken. In der Folge wird die Erbinformation der Zelle (DNS) geschädigt. Das kann den Stoffwechselprozess stören und langfristig zu Zivilisationskrankheiten wie Krebs, Typ-2-Diabetes, Osteoporose und Alzheimer führen. Deshalb ist es auch im Rahmen einer knochenschützenden Ernährung entscheidend, antientzündlich zu essen. Das schaffen Sie, indem Sie möglichst viel Gemüse und gesunde Kräuter auf den Teller bringen und auf hochwertige Fette achten. Wie Sie eine antientzündliche Ernährung im Alltag umsetzen, erfahren Sie auf Seite 29.

Vorsicht, Knochenräuber!

Verschiedene Substanzen in Lebensmitteln fördern die Stabilität der Knochen, andere bewirken genau das Gegenteil. Behalten Sie deshalb besonders die folgenden Knochenräuber im Auge – sie können die Kalziumaufnahme im Körper bremsen oder hemmen.

Vitamin-D-Mangel

Ein Vitamin-D-Mangel führt zu einer geringeren Aufnahme von Kalzium aus dem Darm. Wie Sie Vitamin D am besten aufnehmen, erfahren Sie ab Seite 38.

Phosphat

Im Team mit Kalzium sorgt Phosphat für stabile Knochen. Unser Körper benötigt dafür beide Stoffe in etwa der gleichen Menge. Eine zu hohe Phosphataufnahme verstärkt dagegen den Kalziumabbau, senkt die Kalziumaufnahme im Darm und schwächt die Nieren. In natürlicher Form kommt Phosphat in Getreide, Hülsenfrüchten, Nüssen, Fleisch, Gemüse und Obst vor. Allerdings gibt es einen entscheidenden Unterschied: Ist das Phosphat an tierisches Eiweiß gebunden, wird es zu 70 bis 80 Prozent im Körper aufgenommen. Stammt es aus Pflanzenprotein, sind es nur bis zu 50 Prozent. Problematisch wird es also erst, wenn z.B. Fleisch zu oft auf den Tisch kommt. Künstliches Phosphat aus Zusatzstoffen wandert zu 100 Prozent in den Körper. Das ist hochgefährlich – deshalb Finger weg von phosphathaltigen Getränken (z.B. Cola-Getränken, Softdrinks) und Fertigmahlzeiten.

Salz

Salz kann die Kalziumausscheidung anregen. Vermeiden Sie deshalb industriell hergestellte Lebensmittel und Fertigprodukte, die häufig viel Salz enthalten. Würzen Sie beim Kochen sparsam und setzen Sie stattdessen lieber verstärkt auf Kräuter und Zitronensaft.

Phytinsäure

Ballaststoffreiche Lebensmittel wie Getreide und Gemüse sind zwar gesund, doch auch hier heißt es: bewusst genießen und nichts übertreiben. Denn die enthaltene Phytinsäure kann Kalzium und andere Mineralstoffe binden, sodass diese dem Stoffwechsel nicht zur Verfügung stehen. Einen hohen Gehalt an Phytin haben Kleie von Weizen, Gerste, Roggen, Mais oder Sojabohnen. Der Trick: Durch Einweichen oder Sauerteigführung lässt sich Phytin reduzieren. Auch ausreichend lange Esspausen zwischen kalzium- und phytinsäurehaltigen Lebensmitteln helfen.

Oxalsäure

Spinat, Rhabarber, Rote Bete oder Kakao: Eigentlich sind diese Lebensmittel supergesund. Sie haben aber einen Nachteil: Sie enthalten Oxalsäure. Die bindet sich an Kalzium, sodass der Organismus den wertvollen Mineralstoff schlechter oder gar nicht aufnehmen kann. Deshalb sollten Sie oxalsäurehaltige Lebensmittel erhitzen (das senkt den Säuregehalt) und nicht mit Kalziumlieferanten zusammen essen.

Entwarnung für Koffein

Die Zeiten, in denen Koffein als Kalziumräuber diskutiert wurde, sind vorbei. Heute weiß man, dass es zwar die Kalziumausscheidung fördert, drei bis vier Tassen Kaffee am Tag aber in Ordnung sind. Außerdem stecken in Kaffee viele wertvolle sekundäre Pflanzenstoffe, die beispielsweise antientzündlich wirken.

Der persönliche Risikotest

Wenn Sie selbst einschätzen möchten, wie es um die Gesundheit Ihrer Knochen bestellt ist, beantworten Sie alle Fragen ehrlich entweder mit Ja oder Nein und achten Sie auf die Fragen zu Ihrem biologischen Geschlecht.

Vererbung

Meine Mutter/mein Vater hatte Knochenbrüche ohne bestimmten Grund.

○ JA ○ NEIN

Meine Mutter/mein Vater hatte einen Rundrücken.

○ JA ○ NEIN

Alter und Gewicht

Ich bin älter als 60.

○ JA ○ NEIN

Ich hatte einen Knochenbruch nach meinem 50. Geburtstag.

○ JA ○ NEIN

Ich bin untergewichtig/habe stark abgenommen.

○ JA ○ NEIN

Ich bin sehr schlank.

○ JA ○ NEIN

Ich fühle mich schwach und krank.

○ JA ○ NEIN

Bei mir wurde eine geringe Knochendichte gemessen.

○ JA ○ NEIN

Bewegung und Beweglichkeit

Ich habe als Kind nicht gerne Sport getrieben/mich nicht gerne bewegt.

○ JA ○ NEIN

Ich treibe heute nicht gerne Sport/ ich bewege mich im Alltag relativ wenig.

○ JA ○ NEIN

Ich bin bettlägerig/auf einen Rollstuhl angewiesen.

○ JA ○ NEIN

Ich komme oft (mehr als dreimal pro Woche) nur weniger als eine halbe Stunde nach draußen/an die Sonne.

○ JA ○ NEIN

Geschlechtshormone

Für Frauen:
Meine Menopause begann vor dem 45. Lebensjahr.

○ JA ○ NEIN

Meine Eierstöcke wurden früh operativ entfernt.

○ JA ○ NEIN

Für Männer:
Bei mir wurde ein niedriger Testosteronspiegel gemessen.

○ JA ○ NEIN

Ernährung

Ich esse jeden Tag Fleisch und/oder Wurstwaren.

◯ JA ◯ NEIN

Ich esse selten Milchprodukte.

◯ JA ◯ NEIN

Ich esse selten Nüsse und Samen.

◯ JA ◯ NEIN

Ich esse selten frisches grünes Gemüse.

◯ JA ◯ NEIN

Ich esse häufig Fertiggerichte.

◯ JA ◯ NEIN

Ich esse/trinke häufig Kohlenhydrate (z. B. süßes Obst, Süßigkeiten, Nudeln, Kartoffeln, Brot, Süßgetränke).

◯ JA ◯ NEIN

Genussmittel

Ich rauche mehr als zehn Zigaretten pro Tag.

◯ JA ◯ NEIN

Ich trinke täglich mehr als drei Dosen Cola, Softdrinks oder Energydrinks.

◯ JA ◯ NEIN

Ich trinke täglich mehr als zwei Gläser Bier oder Wein.

◯ JA ◯ NEIN

Erkrankungen

Ich habe eine Überfunktion der Schilddrüse (z. B. Morbus Basedow).

◯ JA ◯ NEIN

Ich habe eine chronische Nieren- oder Lebererkrankung (z. B. nichtalkoholische Fettleber).

◯ JA ◯ NEIN

Ich habe eine entzündliche Darmerkrankung (z. B. Morbus Crohn oder Colitis ulcerosa).

◯ JA ◯ NEIN

Ich bin Diabetiker/in.

◯ JA ◯ NEIN

Ich habe oft Verdauungsprobleme/ich habe Reizdarm.

◯ JA ◯ NEIN

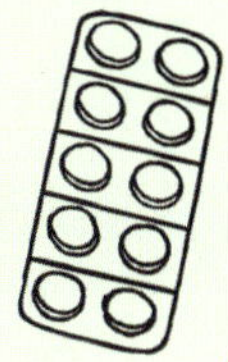

Medikamente

Ich musste länger als sechs Monate Prednison, Heparin, Marcumar, Magensäureblocker oder Kortison einnehmen.

◯ JA ◯ NEIN

Ich musste länger als sechs Monate Beruhigungsmittel, Psychopharmaka oder Mittel gegen Epilepsie einnehmen.

◯ JA ◯ NEIN

AUSWERTUNG:

Zählen Sie Ihre Antworten mit Ja und Nein jeweils zusammen.

▶ Wenn Sie bei fünf Fragen mit Ja geantwortet haben, sollten Sie mit Ihrem Arzt über das Thema Osteoporose sprechen und was er zur Vorbeugung empfiehlt.

▶ Wenn Sie bei acht und mehr Fragen mit Ja geantwortet haben, dann haben Sie ein hohes Knochenbruchrisiko. Besprechen Sie dies mit Ihrem Arzt, der mit Ihnen ein Vorsorgeprogramm entwickeln kann. Knochendichtemessungen (DXA) in mindestens zweijährlichen Abständen sind zu empfehlen.

(Quelle: angelehnt an den Fragebogen des Osteoporose Selbsthilfegruppen Dachverbands e. V.)

Das Vier-Maßnahmen-Paket

Ab sofort können Sie jeden Tag etwas für die Gesundheit Ihrer Knochen tun, indem Sie vier Maßnahmen in Ihren Alltag einbauen. Es geht dabei in erster Linie um die richtige Ernährung, doch auch Bewegung darf nicht zu kurz kommen, wenn Sie sich Ihre Lebensqualität und Ihre Beweglichkeit bis ins hohe Alter erhalten wollen.

1

Essen Sie genügend Kalzium, Eiweiß und Mineralstoffe

Nehmen Sie möglichst viel Kalzium über Ihre Ernährung auf. Wie viel Kalzium Sie brauchen, kann Ihr Arzt feststellen, indem er die Ausscheidung von Kalzium mit dem Urin misst. Danach richtet sich dann die Zufuhr, die über den Tag verteilt werden muss. Als Richtschnur gegen eine langsam voranschreitende Osteoporose kann eine Zufuhr von 1 Gramm täglich gelten. Maximal sind 1,5 Gramm pro Tag notwendig. Einen Überblick über die besten Kalziumquellen finden Sie auf den Seiten 42/43. Neben Kalzium und Vitamin D sollten auch genügend Proteine (Eiweiß) auf den Tisch kommen, um Knochen und Muskeln zu erhalten. Perfekt ist ein Mix aus pflanzlichen und tierischen Quellen – und zwar in dieser Rangfolge: Pflanzenproteine aus Hülsenfrüchten sowie Eiweiß aus Fisch, Geflügel, Ei und Milchprodukten. Ideal ist etwa 1 g Eiweiß pro kg Körpergewicht pro Tag (siehe Seite 44). Auch bestimmte Vitamine, Mineralstoffe und Spurenelemente dürfen bei einer knochengesunden Ernährung nicht fehlen.

- Vitamin K beispielsweise ist mitbeteiligt beim Aufbau des Knochengerüsts.
- Vitamin C braucht der Körper zur Bildung von Bindegewebe und damit auch zur Bildung des Knochengewebes.
- Magnesium ist unerlässlich bei der Bildung von Vitamin D über die Haut. Außerdem trägt es zur Knochenhärtung bei.
- Fluor, Kupfer, Mangan, Zink und Bor scheinen auch am Knochenaufbau beteiligt zu sein.

2

Achten Sie gut auf Ihre Versorgung mit Vitamin D

Nehmen Sie in den Monaten mit den meisten Stunden an Tageslicht möglichst viel Vitamin D durch die Sonne auf (siehe Seite 39). Die Empfehlung für die Vitamin-D-Aufnahme liegt bei Erwachsenen zwischen 400 und

800 Einheiten pro Tag. Besprechen Sie im Zweifelsfall mit Ihrem Hausarzt, ob Sie zu Nahrungsergänzungsmitteln greifen sollten. Möglich wären hier auch Kombinationspräparate speziell für die Vorbeugung sowie als Basisversorgung.

3

Wählen Sie entzündungshemmende Lebensmittel

In US-amerikanischen Studien konnte gezeigt werden, dass Frauen, die sich entzündungshemmend ernährten, in einem sechsjährigen Beobachtungszeitraum weit weniger Knochensubstanz verloren als die Vergleichsgruppe. Entzündungshemmend wirken sekundäre Pflanzenstoffe aus verschiedenen Gemüsesorten (beispielsweise Brokkoli, Spinat oder Tomaten), Omega-3-Fettsäuren aus fettem Seefisch, Algen, Algenöl oder Pflanzenölen (Lein-, Oliven- oder Rapsöl) und bestimmte Gewürze wie Kurkuma.
Entzündungen sind an sich gesunde Abwehrmechanismen des Körpers. So sollen Viren, Bakterien und andere Gefahren so schnell wie möglich beseitigt werden. Bei chronischen Entzündungen ist unser Immunsystem im Dauereinsatz, woraus teilweise schwer behandelbare Erkrankungen entstehen können. Einen Schutz davor bieten ein gesundes Stressmanagement und auch eine vielseitige Ernährung. So können Sie selbst steuern, dass Entzündungsprozesse abklingen. Dazu sollten Sie auf Zucker und Weißmehlprodukte verzichten – beide wirken im Übermaß entzündungsfördernd – und auch Ihren Fleischkonsum reduzieren. Verarbeitete Wurstwaren gehören zu den Top-Entzündungsförderern. Schützend und heilend wirken:

- Kurkuma, Ingwer und Fenchel
- Knoblauch und Zwiebelgewächse
- Blaubeeren und andere dunkle Beeren
- grünes Blattgemüse
- Rucola, Kresse, Radieschen und Meerrettich
- Sauerkraut, Kefir und Joghurt (Probiotika)
- fette Seefische wie Lachs, Makrele und Hering – ersatzweise Algenöle
- Leinöl, Walnussöl, Olivenöl

4

Bewegen Sie sich so viel wie möglich

Bewegung wirkt positiv auf den Knochenstoffwechsel, stärkt die Muskulatur und erhöht den Einbau von Kalzium in das Skelett. Außerdem verbessert Sport die Koordinationsfähigkeit, was Stürze verhindern kann. Die besten Übungen sind Aktivitäten, bei denen der Einsatz des eigenen Körpergewichts eine Rolle spielt und die Knochen leicht gestaucht werden, also zügiges Gehen, Laufen, Treppensteigen, Seilspringen oder Kraft- und Flexibilitätstraining. Was Sie täglich gezielt mit minimalem Zeitaufwand für sich tun können, erfahren Sie ab Seite 150.

So geht knochenbewusst essen

Die beste Grundlage für gesundes und knochenschützendes Essen ist eine pflanzenbasierte Ernährungsweise. Achten Sie darauf, dass Sie viel Gemüse, Hülsenfrüchte, Nüsse, Samen und gesunde Fette zu sich nehmen. Bei Fleisch ist Zurückhaltung angebracht, bei Fisch und Eiern sollten Sie auch an die Umwelt denken.

Ein erster Schritt in die richtige Richtung besteht darin, bei der täglichen Ernährung „Knochenräuber“ möglichst zu meiden (siehe Seite 25). Das gelingt leicht, wenn Sie selbst kochen und auf Fertiggerichte verzichten, wenn Sie Ihren Fleisch- und Wurstkonsum auf Genussmomente reduzieren und Wasser als Durstlöscher bevorzugen. Setzen Sie verstärkt auf antientzündliche Lebensmittel, die alle auch die gute Eigenschaft besitzen, dass sie rein pflanzlich sind. Natürlich sind Fleisch, Fisch und Co. erlaubt, wenn Sie sie gerne essen. Genießen Sie sie aber nur in Maßen und in hervorragender Qualität: Sie können ein- bis zweimal pro Woche auf den Tisch kommen. Weniger ist hier Ihrer Knochengesundheit zuliebe tatsächlich mehr. Wer lieber vegetarisch oder vegan genießen möchte, kann sich mit hochwertigem Pflanzeneiweiß und „grünen“ Kalziumspendern gut versorgen. Im Folgenden finden Sie die wichtigsten Bestandteile Ihrer täglichen Ernährung auf einen Blick. Warum es außerdem wichtig ist, auf einen ausgeglichenen Säure-Basen-Haushalt zu achten, und welche Nährstoffe Ihre Knochen vor allem benötigen, erfahren Sie dann auf den nächsten Seiten.

Wasser

Wasser ist das wichtigste Lebensmittel überhaupt. Jeder Mensch braucht 30 ml pro kg Körpergewicht am Tag. Bei Sport und Hitze darf es auch ein halber Liter mehr sein. Ältere Menschen haben nicht mehr so große Speicherreserven, außerdem lässt ihr Durstgefühl nach. Deshalb ist es wichtig, dass sie über den Tag verteilt ausreichend trinken.

Ideal: Leitungswasser ist in Deutschland eine gute Wahl. Wer möchte, kann es mit speziellen Filtersystemen aufbessern. Alternativ können Sie auch zu ungesüßten Tees greifen.

Besser nicht: Fruchtnektar und gesüßte Fruchtsaftgetränke gehören zu den schnell verdaulichen Kohlenhydraten. Und die fördern nicht nur Übergewicht, sondern auch Entzündungen im Körper. Cola-Getränke und Softdrinks sind außerdem wegen ihres Phosphatgehalts „Knochenräuber“ und damit tabu.

Mineralwasser

Enthält Mineralwasser mindestens 150 mg Kalzium pro Liter, darf es den Hinweis „kalziumhaltig“ tragen. Der Osteoporose Selbsthilfegruppen Dachverband e. V. empfiehlt daher Mineralwasser als Alternative zu Milch- und Milchprodukten. Mineralwasser schneidet in Studien als Kalziumquelle mindestens so positiv ab wie diese. Eine gute Nachricht für alle, die Milch nicht vertragen (siehe Seite 32).

Gemüse, Kräuter & Pilze

Sie sollten Bestandteil möglichst jeder Mahlzeit sein. Empfehlenswert sind 300 bis 350 Gramm Gemüse pro Mittag- und Abendessen bzw. 700 bis 800 Gramm pro Tag. Gemüse ist reich an darmgesunden Ballaststoffen, Vitaminen und Mineralstoffen sowie sekundären Pflanzenstoffen.

Ideal: Braunalgen, Grünkohl, Brokkoli, Kohlrabi, grüne Bohnen, Lauch, Mangold, Fenchel und Sellerie, Petersilie, Gartenkresse, Kerbel.

Obst

Zum Frühstück oder als Dessert sind eine größere oder sind zwei kleinere Portionen Obst pro Tag empfehlenswert. Es liefert Pflanzenfasern und Vitamine satt.

Ideal: Kiwi, Orangen, Brombeeren, Schwarze Johannisbeeren, frische und getrocknete Feigen, Rosinen, Datteln, Pflaumen, Aprikosen.

Hülsenfrüchte

Kein anderes pflanzliches Lebensmittel enthält so viel Eiweiß. Die bekanntesten Vertreter sind Bohnen, Erbsen und Linsen, daneben Kichererbsen, Sojabohnen und Lupinen. Auch Erdnüsse gehören zu den Hülsenfrüchten. In getrocknetem Zustand liegt der Proteingehalt bei den verschiedenen Sorten zwischen 20 bis 35 Prozent. Allerdings sind die meisten Hülsenfrüchte roh nicht essbar. Aber wenn man sie selbst gart, liegt der Proteingehalt bei Bohnen, Erbsen und Linsen immer noch bei 5 bis 10 Prozent. Einen sehr hohen Eiweißgehalt von bis zu 40 Prozent haben Lupinenbohnen, die Samen von Süßlupinen. Hülsenfrüchte sind außerdem reich an Ballaststoffen und sekundären Pflanzenstoffen und Hauptbestandteil vieler alternativer Produkte für Veganer (zum Beispiel Milch- oder Fleischersatz). Pflanzliche Fleischalternativen wie vegane Würstchen oder Bratlinge bestehen oft aus Soja- oder Erbsenprotein. Genauso enthalten viele Milch- und Joghurtalternativen als Basis neben Getreide und Nüssen oft Hülsenfrüchte (wie Soja- oder Lupinendrink). Eine Tagesempfehlung der Deutschen Gesellschaft für Ernährung (DGE) für Hülsenfrüchte steht derzeit noch aus. Die EAT-Lancet-Kommission, die Anfang 2019 mit der „Planetary Health Diet“ Eckpunkte für eine gesunde und klimaschonende Ernährung formuliert hat, empfiehlt 75 Gramm Hülsenfrüchte pro Tag, also etwas mehr als 1 Handvoll.

Gesunde Fette

Fett ist für unseren Stoffwechsel lebensnotwendig. Es hilft uns unter anderem, fettlösliche Vitamine aufzunehmen. Die Deutsche Gesellschaft für Ernährung (DGE) empfiehlt, 30 Prozent der täglichen Energie in Form von Fett zuzuführen. Das sind beispielsweise bei einer 30-jährigen Frau, die bei leichter körperlicher Tätigkeit einen täglichen Energiebedarf von 1800 Kalorien hat, etwa 58 Gramm Fett. So viel ist ungefähr in 3 EL Rapsöl + 1 EL Butter + 2 Scheiben Käse + 1 Ei enthalten. Die ungesättigten Fette kann unser Körper nicht selbst bilden, weshalb wir sie mit der Nahrung aufnehmen müssen (siehe Seite 49).

Ideal: Oliven-, Lein-, Walnuss- und Rapsöl; ein- bis zweimal pro Woche Seefisch.

Nüsse und Samen

Sie sind reich an hochwertigem Pflanzeneiweiß, gesunden Fettsäuren und Ballaststoffen. Außerdem enthalten sie zahlreiche Knochenschützer wie Vitamin A, E und B-Vitamine sowie Mineralstoffe wie Magnesium, Kalzium, Kalium und Phosphat. Empfehlenswert sind etwa 25 Gramm pro Tag (etwa 1 Handvoll).

Ideal: Haselnüsse und Mandeln (sie enthalten über 200 mg Kalzium pro 100 Gramm).

Eier

Sie sind eine unschätzbare Quelle für die Deckung des Eiweißbedarfs, denn sie weisen die beste Bioverfügbarkeit auf: 90 Prozent der Proteine in einem gekochten Ei sind für unseren Körper verwertbar. Außerdem enthalten Eier reichlich Vitamin K, das gut für die Knochen ist (mehr dazu ab Seite 48). Wie bei allen tierischen Produkten, die wir essen, sollten wir beim Einkaufen nicht nur an uns selbst, sondern auch an das Tierwohl denken. Die wichtigsten Tipps dazu:

- Meiden Sie Billig-Eier und gefärbte Eier ohne Kennzeichnung.
- Eine Studie konnte zeigen, dass Bio-Eier ein besseres Aroma und einen höheren Gehalt an wertvollen Omega-3-Fettsäuren haben.
- Kaufen Sie immer Bio-Eier, am besten solche mit Naturland-, Demeter- oder Bioland-Siegel bzw. aus Ihrer Region.
- Achten Sie bei verarbeiteten Produkten mit Ei zumindest auf das EU-Bio-Siegel.

Milch und Milchprodukte

Milch enthält neben Eiweiß auch Vitamine (z. B. A, D, E und K sowie einige B-Vitamine) und wichtige Mineralstoffe wie Kalzium und Phosphat. Trotzdem sollte Milch kein Hauptnahrungsmittel sein, auch nicht den Knochen zuliebe. Der Milchzucker (Laktose) wirkt sich negativ auf den Blutzucker aus und viele Erwachsene entwickeln zudem eine Allergie gegen Milcheiweiß. Außerdem häufen sich die Hinweise, dass Milch noch mehr „Schattenseiten“ besitzt. So gibt es Untersuchungen, die zeigen, dass Milchkonsum das Risiko für Knochenbrüche im Alter erhöht, insbesondere bei Frauen. Erklärt wird dieser Zusammenhang mit der Übersäuerung des Körpers, der durch häufigen Milchkonsum ausgelöst wird. Bei Milchprodukten verhält es sich dagegen anders: Länger gereifte Käsesorten aus Milch von Tieren in Weidehaltung enthalten aufgrund ihrer bakteriellen Fermentierung beinahe keinen Milchzucker mehr, dafür die gesunden Inhaltsstoffe der Milch in konzen-

„Milch“ aus Pflanzen

Vegetarier und Veganer können Kuhmilch und daraus hergestellte Produkte durch Alternativen auf Soja-, Reis-, Kokos-, Hafer- oder Mandelbasis ersetzen. Es gibt auch Getränke aus Cashew, Hanf, Macadamia oder Lupinen. Sie sind die perfekte Alternative bei Laktoseintoleranz oder Milcheiweißallergie. Allerdings können sie in puncto Vitamine und Mineralstoffe nicht mit Kuhmilch mithalten. Oft sind den Pflanzendrinks deshalb Kalzium oder Folsäure zugesetzt, mitunter aber leider auch Zucker oder Verdickungsmittel.

trierter Form. Sauermilchprodukte wie Dickmilch, Joghurt, Quark, Skyr oder Kefir sind gute Kalziumlieferanten und reich an gesundheitsfördernden Milchsäurebakterien, die das Immunsystem im Darm schützen.

Ideal: Quark ist eine gute Eiweißquelle, Skyr und Joghurt können mit viel Kalzium punkten (120 bzw. 100 mg pro 100 Gramm).

Getreide & Getreideprodukte

Vollkornbrot, Hafer- und andere Getreideflocken sind morgens, mittags und abends gute Sattmacher. Neben Obst und Gemüse sollten sie deshalb die Grundlage unserer täglichen Ernährung sein. Sie liefern mit ihren Kohlenhydraten Energie für alle körperlichen und geistigen Aktivitäten – und dazu reichlich Ballaststoffe, Vitamine und Mineralstoffe. Das gilt besonders für die Vollkornprodukte. Hohe Phytingehalte in Getreide können durch clevere Zubereitungsarten (Sauerteigführung) reduziert werden.

Ideal: Mindestens 30 Gramm Ballaststoffe pro Tag empfiehlt die DGE oder 4 Portionen Brot, Getreide und Beilagen. Das schaffen Sie mit Vollkornbrot, Getreideflocken zum Frühstück sowie Gemüse und Obst.

Fleisch

Fleisch enthält alle lebensnotwendigen Eiweißbausteine, die unser Körper nicht selbst bilden kann, in einer Menge und Form, die wir besonders gut aufnehmen können. Daneben liefert es Eisen für die Blutbildung, Zink für die Immunabwehr und B-Vitamine. Allerdings stecken in Fleisch und Wurstwaren viele gesättigte Fettsäuren und Salze, die das Risiko für Herz-Kreislauf-Erkrankungen erhöhen können. Fleisch aus Industriehaltung enthält noch zahlreiche weitere gesundheitsschädliche Substanzen. Pflanzliche Eiweißalternativen sind Hülsenfrüchte, Nüsse, Ölsamen, Eier und Soja- und Weizenproteinprodukte – am besten in Kombination, damit der Körper sie gut verwerten kann.

Ideal: Pro Woche reichen für einen Erwachsenen etwa 200 Gramm (1 bis 2 Portionen) mageres Hähnchen- oder Putenfleisch.

Fisch & Algen

Auch Fisch liefert wertvolles Protein, dazu Selen und Vitamin D. Seefisch ist außerdem eine wichtige Quelle für Jod. Die fettreichen Sorten wie Hering, Makrele und Lachs versorgen uns darüber hinaus mit wertvollen ungesättigten Omega-3-Fettsäuren. Beim Einkauf sollten Sie auf Fisch aus anerkannt nachhaltiger, bestandserhaltender und umweltschonender Fischerei achten! Wer aus ökologischen Gründen auf Fisch verzichten will, kann alternativ auf Algenöle zurückgreifen, die ebenso Omega-3-Fettsäuren enthalten und mit Vitamin D angereichert sind.

Ideal: Empfehlenswert sind ein bis zwei Fischmahlzeiten pro Woche, laut DGE 80 bis 150 Gramm fettarmer Seefisch (z. B. Seelachs aus dem Nordpazifik oder Winterkabeljau/Skrei) plus etwa 70 Gramm einer fettreichen Sorte (z. B. Hering oder Wildlachs).

Der Säure-Basen-Haushalt

Für einen gesunden Körper ist es wichtig, dass das Verhältnis von Säuren zu Basen ausgeglichen ist, damit der Stoffwechsel reibungslos funktioniert. Wenn wir zu viele säurebildende Lebensmittel essen, kommt es zu Einschränkungen. Das kann eine Osteoporose möglicherweise begünstigen, denn basenbetontes Essen ist auch für die Knochen wichtig.

Wer kennt das nicht aus eigener Erfahrung? Wenn der Körper „sauer" reagiert, geht es uns nicht gut. Das passiert zum Beispiel durch Stress, zu viel Alkohol, Zigaretten, schlechten Schlaf oder ungesundes Essen wie Pizza, Wurst, Käsebrötchen, Kuchen oder Süßigkeiten im Übermaß. Wir fühlen uns danach müde und gereizt, der Magen rumort und auch die Verdauung macht sich bemerkbar. Typische Symptome, die auf einen übersäuerten Körper schließen lassen können, sind Übelkeit, Schlappheit, wenig Appetit, Schlafprobleme oder wiederkehrende Erkältungen. Sogar zu Autoimmunerkrankungen (wie Allergien) kann eine chronische Übersäuerung beitragen. Säurebildende Lebensmittel im Übermaß können also regelrecht krank machen. Sie schädigen den Darm – und damit einen wichtigen Teil des Immunsystems – und sie setzen auch den Knochen zu. Denn wenn im Blut zu viele Säuren anfallen, die die körpereigenen Puffersysteme nicht mehr ausgleichen können, wird das neutralisierende Phosphat im Skelett angezapft, um den pH-Wert wieder zu normalisieren. Das ausgelöste Kalzium wird ausgeschieden, der Knochen poröser. Studien konnten zeigen, dass ein übersäuerter Stoffwechsel die Aktivität der Osteoklasten erhöht (siehe Seite 21).

Alles in Balance

Grundlage für diesen Mechanismus ist der Säure-Basen-Haushalt: In unserem Körper müssen Säuren und Basen immer in einem richtigen Verhältnis zueinander stehen, damit wir gesund und fit sind, frisch aussehen und uns wohlfühlen. Dazu muss man wissen, dass alle Körperflüssigkeiten in Blut, Bindegewebe, Lymphe, Dünndarm und in allen anderen Organen und Körperregionen bei einem gesunden Menschen in einer Balance aus Säuren und Basen stehen. Diese Flüssigkeiten unterscheiden sich durch verschiedene Säuregrade, die sich mittels des sogenannten pH-Wertes messen lassen. Dessen Skala bewegt sich zwischen Werten von 0 und 14. Alle Werte unter pH 7 stehen für saure Reaktionen, alle über pH 7 für basische Reaktionen.

Knochenfeind Kortisol

Ernährungswissenschaftler der Universität Bonn haben festgestellt, dass der Wert des Stresshormons Kortisol steigt, wenn der Körper ständig damit beschäftigt ist, große Säurelasten auszuscheiden. Menschen mit einer überhöhten Kortisolproduktion aufgrund eines säurefördernden Lebensstils haben genauso wie Kinder, Jugendliche oder Erwachsene, die über einen längeren Zeitraum medizinische Kortisol-Präparate (Kortison) einnehmen, ein erhöhtes Osteoporose-Risiko.

Die Magensäure beispielsweise weist einen sehr sauren Wert von 1 bis 1,5 in nüchternem Zustand auf. Gesundes Blut hat einen Wert von 7,4, ist also leicht basisch.

Eigene Puffersysteme

Herrscht im Körper ein ungünstiges saures Milieu, müssen Säuren abgepuffert werden. Das geschieht über verschiedene Systeme: Zum einen werden überschüssige Säuren über die Nieren mit dem Urin oder auch über den Darm ausgeschieden. Andere pH-Puffer gibt es im Blut und auch über die Atemluft und das Ausatmen von Kohlendioxid wird der pH-Wert reguliert. Nicht zuletzt werden Säuren über die Haut ausgeschieden: Es entsteht saurer Schweiß, weil der Körper aktiv Kohlensäure in ihrer Gasform als Kohlendioxid „loswird". Daher tut „gesundes" Schwitzen in der Sauna oder bei Bewegung an der frischen Luft besonders gut. Diesen Flüssigkeitsverlust sollte man allerdings immer mit ausreichend Wasser oder basischen Getränken ausgleichen. Alle Puffer müssen sich wieder regenerieren. Das geschieht automatisch, wenn wir uns gesund ernähren und uns ausreichend bewegen. Bei einem dauerhaft zu „sauren" Lebens- und Ernährungsstil greift der Körper hingegen auf andere Puffersysteme zurück, die langsamer wirken – unsere Knochen. Der Nachteil: Sie regenerieren nicht so einfach.

Von Säuren und Basen

Ohne ein stabiles Säure-Basen-Gleichgewicht gerät auch der Stoffwechsel aus der Balance. Fein abgestimmte biochemische Prozesse funktionieren nicht mehr so, wie sie sollten. Um das zu verhindern, muss die Relation von Säuren zu Basen im Körper stimmen. Das Verhältnis sollte ungefähr 80 Prozent basisch zu 20 Prozent sauer sein. Das funktioniert in erster Linie über die tägliche Ernährung, also über alles, was wir essen und trinken. Daneben spielt der Lebensstil natürlich eine wichtige Rolle. Am besten können wir unsere Nahrung „entsäuern", indem wir möglichst basenbetont essen. Ein pflanzenbasierter Ernährungsstil ist dabei eine große Hilfe, da sehr viele Pflanzen basenbildend sind. In der Regel haben Menschen, die reichlich zuckerarmes Obst und Gemüse essen, eine höhere Knochendichte.

Säurebildner, Basenbildner

Säuren entstehen vor allem nach dem Verzehr von Fleisch, Wurst, Käse, Brot, Nudeln und Müsli (Getreideprodukte), aber auch von Schmelzkäse und Limonade. Sieht man sich diese Lebensmittel an, macht sauer offenbar keineswegs sauer. Es entsteht beispielsweise kein Säureüberschuss im Körper, wenn Sie einen Zitronenschnitz aussaugen. Im Gegenteil: Zitronen wirken im Körper basenbildend. Tatsächlich können wir es nicht schmecken, wie ein Nahrungsmittel im Körper vom Stoffwechsel verarbeitet wird und ob es basisch oder sauer wirkt. Zur Säurebildung führen in erster Linie Phosphorsäure und Proteine. Deren kleinste Bausteine sind die Aminosäuren. Die schwefelhaltigen Aminosäuren Methionin und Cystein werden unter Säurebildung verstoffwechselt. Je mehr von ihnen in einem Lebensmittel enthalten ist, desto saurer wird es im Körper.

Neutral verarbeitet werden dagegen zum Beispiel reiner Zucker (Kohlenhydrat) und auch Öle und Fette. Ein Gummibärchen ist neutral, weil es zwar Zucker, aber kein Eiweiß enthält. Essen Sie diese Nährstoffe aber verarbeitet, also zum Beispiel in Form eines süßen Teilchens, dann steckt darin nicht nur Zucker, sondern auch Eier, Milch und Mehl. Diese Zutaten sind säurebildend. Auf der nächsten Seite finden Sie die wichtigsten Säure- und Basenbildner im Überblick.

Essen in Balance

Eine basenbetonte Ernährung schützt die Knochen und fördert allgemein die Gesundheit und das Wohlbefinden. Woran erkennt man basische Lebensmittel? Warum gehören auch einige Säurebildner zur Vorbeugung gegen Osteoporose auf den Teller? Und welche Grundregeln gelten? Hier gibt's einen Überblick.

Basische Lebensmittel – das zeichnet sie aus

- Alle basisch wirkenden Lebensmittel sind reich an Mineralstoffen und Spurenelementen wie Kalium, Kalzium, Eisen oder Magnesium.
- Sie sind wasserhaltig und versorgen uns mit zusätzlicher Flüssigkeit.
- Sie sind arm an säurebildenden Eiweißbausteinen.
- Sie regen die Basenbildung an, weshalb viele basische Lebensmittel sehr reich an Bitterstoffen sind.
- Sie enthalten wertvolle Vitamine und zellschützende sekundäre Pflanzenstoffen.
- Sie hemmen Entzündungen, die ihrerseits eine Übersäuerung fördern.
- Sie tun der Darmgesundheit gut.
- **Vorsicht:** Es gibt eine ganze Reihe von basischen Lebensmitteln, die im Übermaß ungesund sind. Dazu gehören Wein, Marmelade, Bier, Eiscreme oder auch Nuss-Nougat-Aufstrich. Hier gilt: Augen auf und Maß halten.

Saure Lebensmittel – diese sollten Sie weglassen

- Säurebildende Lebensmittel beinhalten zu viele säurefördernde Mineralien und Spurenelemente wie Phosphat, Chlor, Fluoride und Jod.
- Sie sind reich an säurebildenden Aminosäuren, was zur übermäßigen Bildung von Schwefelsäure führt.
- Sie regen keine Basenbildung im Körper an.
- Sie sind meist wasserarm.
- Sie fördern Entzündungen.
- Sie schädigen die Knochen.
- Sie beeinträchtigen die Darmflora.
- Sie sind oft hochverarbeitet und stammen aus industrieller Lebensmittelproduktion.
- Möglichst selten verzehren sollten Sie deshalb Fleisch (vor allem aus konventioneller Industriehaltung), Wurst, Eier aus konventioneller Haltung, Fisch und Meeresfrüchte aus untransparent-konventioneller Aquakultur, stark verarbeitete Fertiggerichte, Süßwaren, Fertiggetränke (Softdrinks, Cola), Backwaren aus Auszugsmehlen, Kuhmilchprodukte, Alkohol und koffeinhaltige Getränke.

Gute Säurebildner und neutrale Lebensmittel

Die folgenden Lebensmittel bilden zwar auch Säuren, haben aber viele wertvolle Inhaltsstoffe im Gepäck. Im gesunden Mix mit basischen Lebensmitteln bereichern sie Ihren knochengesunden Speisezettel: Bio-Getreide (auch Pseudogetreide wie Amarant, Quinoa oder Buchweizen), Hafer und Haferflocken, Nüsse und Saaten, Pflanzendrinks, Fleisch aus Bio-Haltung sowie Fisch aus Wildfang und Bio-Haltung.
Zu den neutralen Lebensmitteln, die unverzichtbar für eine knochengesunde Küche sind, gehören: Lein-, Hanf-, Kürbiskern- und Olivenöl sowie Kokosöl und Butter.

Das sind die Grundregeln:

1. **Essen Sie zu jeder Mahlzeit Salat mit Kräutern, Gemüse oder frisches Obst, das aber nicht zu süß sein sollte (z. B. Beeren). Brot und Reis (Getreideprodukte) oder Nudeln sollten Sie nur in Maßen verzehren.**

2. **Auch wenn Sie gern zu grünem Protein und veganem Fleischersatz greifen, sollten Sie immer eine große Portion Gemüse und Kartoffeln zu sich nehmen.**

3. **Süßigkeiten sind nicht verboten, genießen Sie sie aber am besten in Maßen. Denn süß macht sauer!**

4. **Trinken Sie viel, am besten Wasser (Leitungs- oder Mineralwasser).**

5. **Gehen Sie möglichst oft an die frische Luft und bewegen Sie sich viel.**

Die Top Ten der basischen Lebensmittel:

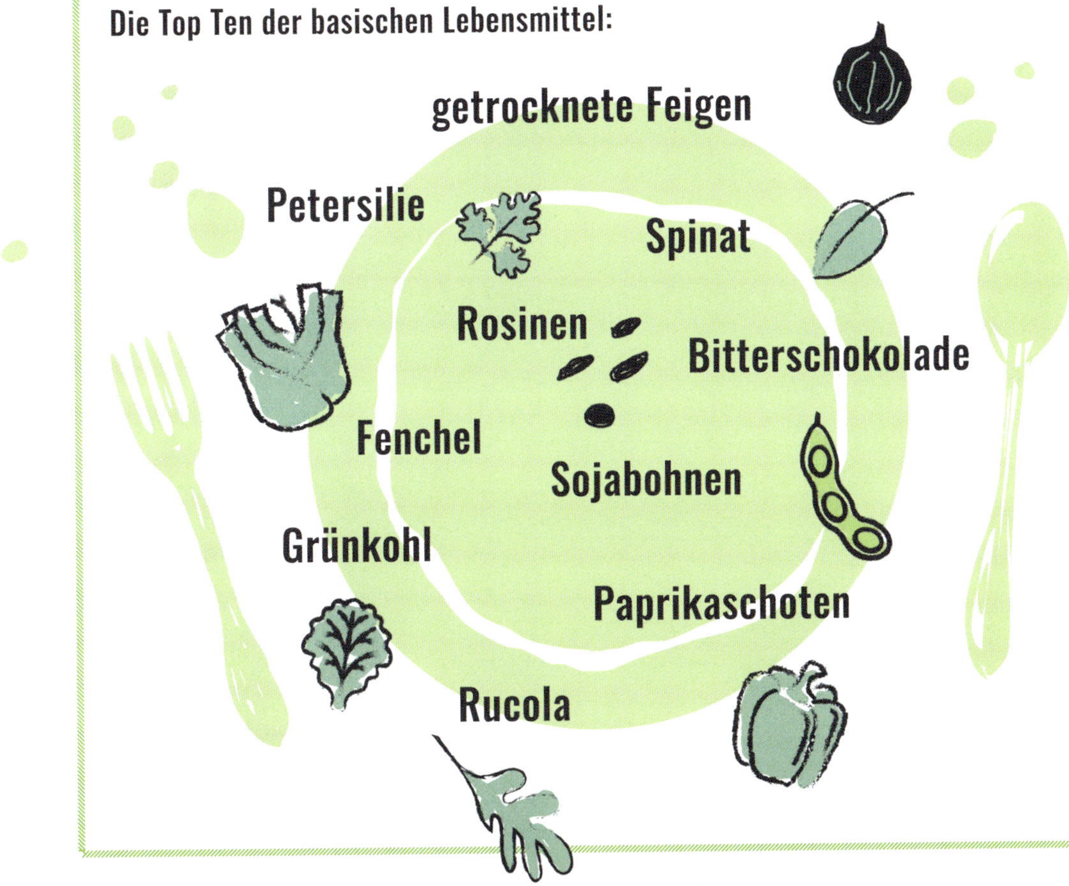

Aufbauhilfe für Ihre Knochen: Kalzium plus Vitamin D

Für gesunde Knochen sind Kalzium und Vitamin D unverzichtbar. Auch die Vitamine C und K sowie Zink, Magnesium und Mangan tragen zum Knochenerhalt bei. Den Bedarf können Sie durch eine abwechslungsreiche pflanzenbasierte Ernährung decken. Lediglich bei Vitamin D ist eine Supplementierung nach ärztlicher Rücksprache ratsam.

Zu 98 Prozent wird Kalzium in unseren Knochen und Zähnen gespeichert, das macht etwa 1 Kilogramm aus. Damit ist Kalzium mengenmäßig Spitzenreiter unter allen Mineralstoffen, die in unserem Körper „verbaut" sind. Doch nicht nur unser Skelett ist auf Kalzium angewiesen. Wir brauchen den Mineralstoff auch, damit wir unsere Muskeln benutzen können und um den Blutdruck im Lot zu halten. Ohne Kalzium würde das Nerven- und Hormonsystem nicht funktionieren. Das Bindegewebe wäre nicht stabil und der pH-Wert im Körper könnte ebenso wenig gehalten werden wie der Kalziumspiegel im Blut. Für all das brauchen wir diesen Mineralstoff. Fehlt dem Körper Kalzium, „raubt" er es aus den Knochen und Zähnen und entmineralisiert diese (siehe Seite 34). Da wir Kalzium nicht selbst herstellen können, müssen wir es erst mit der Nahrung aufnehmen und dann dafür sorgen, dass es im Körper richtig eingebaut und verwertet werden kann.

Kalzium – die richtige Menge

Gemäß den Osteoporose-Richtlinien (DVO) wird eine Kalziumzufuhr von 1 Gramm pro Tag empfohlen. Den höchsten Bedarf an Kalzium haben Heranwachsende zwischen 10 und 19 Jahren. Ihnen wird eine Aufnahme von 1,2 Gramm pro Tag empfohlen. Obwohl wir in den westlichen Industrieländern im Nahrungsüberfluss leben, nehmen wir hierzulande laut neuesten Untersuchungen nicht genug von dem Mineralstoff auf. In Deutschland erreichen etwa 46 Prozent aller Männer und 55 Prozent aller Frauen nicht die empfohlene Tageszufuhr. Besonders kritisch ist die Situation bei jungen Frauen: Fast drei Viertel der 14- bis 18-Jährigen unterschreiten die Empfehlungen. Auch bei älteren Menschen, die ein erhöhtes Risiko für Osteoporose haben, ist das Problem ausgeprägt. Dabei ist es ganz einfach, sich mit ausreichend Knochenmineralien zu versorgen, wenn man regelmäßig frisch und knochenbewusst kocht und isst. Neben der empfohlenen Menge sollte man natürlich immer auch im Auge behalten, wie gut das aufgenommene Kalzium verfügbar ist. Da Vitamin D die Verwertung von Kalzium aus der Nahrung optimiert, ist es sinnvoll, Präparate zusammen mit kalziumhaltigen Speisen einzunehmen.

Kalzium aus Pflanzen

Am leichtesten verwertet wird Kalzium aus tierischen Lebensmitteln, beispielsweise aus Käse oder Joghurt, nicht jedoch aus der Milch selbst. Es gibt allerdings zahlreiche pflanzliche Lebensmittel, die nicht nur mit ihrem Kalziumgehalt punkten, sondern zusätzlich noch jede Menge andere Mineralstoffe und Vitamine im Gepäck haben, die für die Knochen wichtig sind. Zwar enthalten einige Pflanzen auch Inhaltsstoffe, die die Aufnahme des Knochenminerals hemmen – das sind Phytate und Oxalate sowie bestimmte Ballaststoffe, die das Kalzium binden. Hier kommt es aber auf die richtige Zubereitungsweise und die richtige Kombination an. Denn vor allem Ballaststoffe dürfen in einer ausgewogenen Ernährung auf keinen Fall fehlen. Da ballaststoffreiche Lebensmittel von Natur aus einen hohen Mineralstoffanteil haben, können sie ihren „Kalziumräuber"-Effekt wieder ausgleichen. Daher kann es bei einer ausgewogenen Mischkost nicht zu Mangelerscheinungen kommen.

Einbauhelfer Vitamin D

Kalzium wird über den Darm im Blut aufgenommen, unterstützt wird dieser Prozess durch Vitamin D. Man kennt heute mehr als 200 Faktoren, die den Kalziumspiegel im Blut beeinflussen. Wie gut der Körper den Mineralstoff aufnehmen kann, hängt unter anderem vom Alter, von der sportlichen Aktivität, dem individuellen Bedarf, den Kalzium- und Vitamin-D-Spiegeln im Blut, dem Hormonstatus und der Mahlzeitenkombination ab. Wir wissen beispielsweise, dass Oxalsäure in Spinat oder Mangold die Kalziumaufnahme hemmt und Alkohol, Salz, Kaffee im Übermaß und Eiweiß die Ausscheidung des Mineralstoffs fördern. Außerdem ist es wichtig, nicht den gesamten Tagesbedarf mit einer Mahlzeit aufzunehmen, da der Körper diese Menge nicht verwerten kann. Und dann benötigen wir auch noch einen Helfer, der den Einbau von Kalzium in die Knochen gewährleistet: Vitamin D.
Dieses ist das einzige Vitamin, das unser Körper mithilfe von Sonnenlicht selbst bilden kann. Da die Vitamin-D-Aufnahme über die Nahrung meistens sehr gering ist (maximal 20 Prozent), empfehlen Experten, Arme und Gesicht täglich 5 bis 25 Minuten von der Sonne bescheinen zu lassen, um die Produktion von Vitamin D anzuregen. Im Winter kann dies in unseren Breitengraden ein Problem werden. Wer tagsüber nur wenig draußen ist, sollte seinen Kalzium- und Vitamin-D-Spiegel regelmäßig vom Arzt kontrollieren lassen. Er kann bei Bedarf ein Vitamin-D-Präparat verordnen.

Vitamin D – bedarfsgerecht dosiert

Der Bedarf an Vitamin D liegt bei Jugendlichen und Erwachsenen um 20 Mikrogramm pro Tag. Das wäre optimal für die Knochen. Allein über die Ernährung lässt sich das fettlösliche Vitamin aber nur in geringen Mengen aufnehmen. Selbst wenn Sie gesund essen, kommen Sie nur auf 2 bis 4 Mikrogramm. Andernfalls müssten Sie jeden Tag zum Beispiel 2 Kilo Emmentaler verdrücken. Das wäre keineswegs ausgewogen. Deshalb sollte man zusätzlich Sonnenlicht nutzen. Setzen Sie dafür im Sommer möglichst viel nackte Haut für kurze Zeit (5 bis 10 Minuten) der Sonne aus. Dabei darf es auf keinen Fall zum Sonnenbrand kommen. Im Winter ist das oft schwierig. Deshalb sollten ältere, kranke und lichtempfindliche Menschen ihren Vitamin-D-Spiegel vom Arzt bestimmen lassen und das Vitamin dann gegebenenfalls als Nahrungsergänzungsmittel nehmen.

Die gute Milch?

Bis vor nicht allzu langer Zeit hieß es noch, dass das tägliche Glas Milch zum Frühstück dafür sorgen würde, dass man „groß und stark" werden würde. Es stimmt schon: Milch und Milchprodukte stellen sehr gute Kalziumquellen dar und ihre gesamte Konsistenz ist darauf ausgerichtet, dass (Tier-)Kinder groß und stark werden. Nur vertragen viele Menschen Milch nicht gut. Zum einen ist normale

Trinkmilch sehr fettreich und enthält auch Phosphor (Phosphat). Zum anderen haben viele Erwachsene eine Unverträglichkeit gegenüber dem Milchzucker oder eine Allergie gegen das Milcheiweiß. Sie können diese Inhaltsstoffe – im Gegensatz zu Babys und Kleinkindern – nicht verdauen, was zu unangenehmen Symptomen wie Blähungen oder Durchfall führt. Inwieweit Kuhmilch der Gesundheit generell schadet oder nicht, ist Thema verschiedener Untersuchungen. Eine neuere Studie aus Schweden legt die Vermutung nahe, dass ein erhöhter Milchkonsum womöglich das Risiko von Osteoporose steigern könnte. Die Ergebnisse sind bislang umstritten, da noch diskutiert werden muss, warum Trinkmilch das Knochenbruchrisiko bei den Teilnehmerinnen erhöhte, der Verzehr von fermentierten Milchprodukten (Joghurt, Quark, Käse etc.) jedoch nicht. Auch Walter Willett, der Mitverfasser der berühmten Nachhaltigkeitsstudie EAT-Lancet, und David Ludwig von der Harvard Medical School kommen zu dem Schluss, dass Milchkonsum nicht zwingend die Knochen stärke. Studien, in denen dies behauptet würde, wiesen offenbar methodische Mängel auf. Angesichts der aktuellen Studienlage ist Milch ein Lebensmittel, das in guter Qualität und normalen Maßen verzehrt (die DGE empfiehlt 200 bis 250 ml pro Tag) den meisten Menschen nicht schadet. Sie kann also als Baustein in einer vollwertigen Ernährung dienen, vor allem bei Kindern und Jugendlichen und – hinsichtlich ihres Eiweißgehalts – auch bei Senioren. Erwachsene brauchen Milch und Milchprodukte allerdings nicht zwingend für ihre Gesundheit, wenn sie jeden Tag bewusst auf die Zusammensetzung ihrer Ernährung achten.

Vorteil Käse und Probiotika

Bestimmte Milchprodukte bieten allerdings durch den durchlaufenen Fermentationsprozess (siehe Kasten rechts) besonders viel Kalzium. So kann Hartkäse wie Parmesan mit etwa 1200 mg pro 100 Gramm die bis zu zehnfache Menge an dem Knochenmineral enthalten wie dieselbe Menge Trinkmilch. Nachdem eine kleinere Studie gezeigt hat, dass Milchsäurebakterien womöglich den Rückgang der Knochenmasse bei Frauen nach den Wechseljahren verlangsamen können, wird nun diskutiert, ob die Behandlung mit Probiotika zukünftig Osteoporose bei älteren Menschen verhindern kann. Dazu sind allerdings größere Studien nötig. Als hochwertige Eiweiß- und Kalziumlieferanten sind diese fermentierten Milchprodukte bereits jetzt uneingeschränkt zu empfehlen.

Kalzium aus der Flasche

Trinken ist genauso wichtig wie Schlafen und Essen – und zwar in genau dieser Reihenfolge. Wasser ist für unseren Körper essenziell, denn ohne das flüssige Element funktioniert unser Stoffwechsel nicht. Außerdem reguliert Wasser unsere Körpertemperatur auf gleichmäßige 37 °C. Fehlt Flüssigkeit, sinkt unsere Leistungsfähigkeit, wir fühlen uns schlapp, bekommen vielleicht sogar Kopfschmerzen. Da sich unsere Wasserbilanz ständig zwischen Aufnahme und Ausscheidung von Flüssigkeit bewegt, müssen wir uns regelmäßig mit Wasser versorgen. Wir atmen feuchte Atemluft aus, geben Flüssigkeit ab über Schweiß und Urin, bei Sport, Hitze oder Krankheit verbrauchen wir noch mehr. Dabei sollten wir immer frühzeitig ausgleichen, was wir verlieren. Ein Durstgefühl ist oft ein Hinweis, dass der „Wasserstand“ zu niedrig ist.

Als Richtwert gilt: Zwischen 30 und 40 ml pro kg Körpergewicht bei Jugendlichen und Erwachsenen. Das macht in der Regel mindestens 1,5 bis 2 Liter Flüssigkeit am Tag über kalorienfreie Getränke. Achten Sie bei der Auswahl des Mineralwassers auf einen hohen Kalziumgehalt (ideal mehr als 250 mg/l), wenn

Sie etwas für Ihre Knochen tun wollen. Gleichzeitig sollte der Natriumgehalt möglichst niedrig sein (ideal weniger als 100 bis 150 mg/l). Empfehlenswert ist darüber hinaus ein hoher Anteil an Hydrogencarbonat (auch Bicarbonat genannt, das als „Säurepuffer" fungiert).

Kalziumtabletten

Viele denken, Kalziumtabletten seien eine praktische Alternative. Apotheker kennen die Fragen von Kunden, die ihre Knochen schützen möchten und sich nach Nahrungsergänzungsmitteln erkundigen. Allerdings ist es sehr umstritten, ob Menschen ohne die Diagnose Osteoporose tatsächlich Vitamin D und Kalzium vorbeugend zu sich nehmen sollen. Aktuell gibt es keine ausreichenden Beweise für einen vorbeugenden Nutzen einer Einnahme von Vitamin D und Kalzium oder ihrer kombinierten Gabe bei gesunden Erwachsenen. Das Risiko für Knochenbrüche kann demnach so nicht nachweislich gesenkt werden. Außerdem steht dem unklaren Nutzen eine nachweislich gering erhöhte Rate an Nierensteinen gegenüber. Darüber hinaus können sich hoch dosierte Kalziumergänzungen (1000 mg und mehr) ungünstig auf das Herz-Kreislauf-System auswirken. Anders sieht es natürlich bei Betroffenen mit ausgeprägter Osteoporose und nachgewiesenem Vitamin-D-Mangel aus. Dieser kann vor allem bei älteren Menschen auftreten, weil sie sich häufig nicht ausreichend im Freien bei Sonnenlicht aufhalten und die Eigenproduktion von Vitamin D mit zunehmendem Alter abnimmt. Im Zweifelsfall kann ein einfaches Blutbild beim Arzt aber schnell Aufschluss geben, ob ein Mangel besteht, der supplementiert werden soll. Experten betonen, dass natürliches Kalzium aus Nahrungsmitteln gegenüber Ergänzungen vorzuziehen ist, denn:

- Kalziumreiche Lebensmittel wie Hartkäse, dunkelgrüne Gemüse, Feigen oder Nüsse enthalten auch noch weitere wertvolle Nährstoffe für die Gesundheit von Knochen und Muskeln.
- Alleine mit kalziumreichem Mineralwasser können Sie problemlos den empfohlenen Tagesbedarf decken.
- Kalziumreiche Lebensmittel werden (anders als Nahrungsergänzungsmittel) nicht mit einem Risiko für Herz-Kreislauf-Erkrankungen in Verbindung gebracht.

Fermentieren hat viele Vorteile

Der natürliche Gärungsprozess eines Lebensmittels, der ohne Luft stattfindet, macht aus Weißkohl Sauerkraut, aus Milch Joghurt oder Käse, aus Trauben Wein. Beim Fermentieren überleben nur die guten, für den Menschen nützlichen Bakterien, wie etwa Milchsäurebakterien. Diese haben im Übrigen nichts mit Milch zu tun, sondern wurden in ihr nur das erste Mal nachgewiesen. Sind Lebensmittel fermentiert, verbessert sich ihre Verdaulichkeit und die Qualität der Proteine. Zugleich nimmt bei Gemüse beispielsweise der Gehalt an Vitamin C und B-Vitaminen sowie an Eisen und Zink zu, bei Milchprodukten der an Kalzium. Manche Vitamine entstehen sogar erst während des Gärungsprozesses. Durch die Säuerung sinkt der pH-Wert und das Lebensmittel wird so länger haltbar. Alle fermentierten Nahrungsmittel enthalten probiotisch wirkende Mikroorganismen, die die Darmflora unterstützen oder stärken. Ein gesunder Darm wiederum kann Nährstoffe besser aufnehmen und weiterverwerten. Und das kommt auch unseren Knochen zugute.

Die besten Kalziumquellen

Milch und Milchprodukte als Kalziumlieferanten kennt wohl jeder, der mit Werbeslogans wie „Die Milch macht's" groß geworden ist. Dabei gibt es für den Knochenmineralstoff zahlreiche hervorragende Alternativen aus pflanzlichen Quellen. Perfekt für alle, die auf tierische Milch verzichten möchten.

Mohnsamen

Zu den kalziumreichsten Lebensmitteln überhaupt gehören Mohnsamen. 100 g der Körnchen enthalten rund 1400 mg von dem Knochenmineral. Daher würden bereits 3 bis 4 Esslöffel der Samen über den Tag verteilt ausreichen, um den Tagesbedarf zu decken. Der Kalzium-Spitzenreiter ist ideal im Mohnkuchen, als Topping für Mohnbrötchen und -brot – oder Sie mischen ihn pur ins Müsli.

Leinsamen

Sie schmecken im Müsli oder in Suppen und Salaten. Der Vorteil: Sie kommen sogar aus regionalem Anbau. An Kalzium haben sie pro 100 g 230 mg zu bieten. Die gesunden Samen enthalten darüber hinaus reichlich herzschützende Omega-3-Fettsäuren und Ballaststoffe.

Haselnüsse

Sie enthalten mit etwa 220 mg pro 100 g nur etwas weniger von dem wertvollen Knochenmineralstoff als Mandeln.

Rucola

Das Blattgemüse mit dem bitter-scharfen Geschmack ist ideal zum Verfeinern von Salaten und schmeckt auch auf Pizza. Pro 100 g hat Rucola 160 mg Kalzium zu bieten.

Mandeln

Die leicht bitteren Kerne sind mit 250 mg pro 100 g ebenfalls reich an Kalzium. Ihr Plus: Sie liefern zusätzlich noch gesunde Fettsäuren und wertvolles Pflanzeneiweiß. Man kann sie morgens ins Müsli geben oder zwischendurch knabbern. Fein schmeckt auch Mandelmus als Brotaufstrich, Veganer schätzen Milch-, Sahne- und Käseersatz auf Mandelbasis.

Brennnesseln

Die Wildpflanze ist nicht nur reich an Vitamin C, das wichtig für den Aufbau gesunder Knochen ist, sondern bietet auch eine ganze Palette von Mineralstoffen und Spurenelementen: vor allem Kalzium (700 mg pro 100 g), Magnesium, Kalium (310 mg pro 100 g), Phospor (140 mg pro 100 g) und Silizium.

Getrocknete Feigen

Die Top-Basenbildner sind zwar ordentliche Zuckerbomben, weshalb man sie am besten nur gelegentlich als Snack essen sollte. Mit 190 mg pro 100 g haben sie aber auch eine gute Portion Kalzium zu bieten.

Sesam

Ungeschälter Sesam enthält bis zu 750 mg Kalzium pro 100 g. Streuen Sie ihn über Salate oder Müsli. Sesammus (Tahin) schmeckt in Dressings, im Müsli oder als Brotaufstrich.

Grünkohl

Der krause Kohl ist dank seiner sekundären Pflanzenstoffe extrem gesund. Er enthält etwa 210 mg gut verwertbares Kalzium und 340 µg Vitamin K pro 100 g. Als Wintergemüse steht der mineralstoffreiche Kohl in der kalten Jahreszeit frisch für saisonale und regionale Gerichte zur Verfügung.

Kichererbsen

Die kleinen Hülsenfrüchte enthalten gut 120 mg Kalzium pro 100 g und lassen sich vielseitig zubereiten: als Beilage, als Zutat für Currys und Salate oder in Hummus, dem Klassiker der Orientküche.

Algen

Je nach Sorte weisen Braun- oder Rotalgen einen Kalziumgehalt von bis zu 1030 mg pro 100 g auf. Allerdings enthalten sie auch sehr viel Jod. Deshalb sollte man sich strikt an die Verzehrempfehlungen halten, um keine Schilddrüsenüberfunktion zu riskieren, die zugleich die Knochen schädigt. Empfehlenswert für Gesunde sind getrocknete Wakame-Braunalgen, die mit 1000 mg Kalzium, 1100 mg Magnesium und 5200 mg Kalium pro 100 g punkten. Eine zu hohe Dosis Jod lässt sich vermeiden, wenn Sie Trockenalgen vor der Zubereitung 3 bis 4 Stunden in Wasser einweichen und dann gut abbrausen.

Frisch, grün, aromatisch

Auch Kräuter wie Petersilie und Schnittlauch zählen zu den Top-Kalziumlieferanten. Selbst wenn man davon nur kleinere Mengen verzehrt, hat der Kräutereinsatz eine doppelt gute Wirkung: Sobald Sie beim Würzen an Salz sparen, kann der Körper leichter Kalzium aufnehmen.

Eiweiß: ein Knochenbaustein

Das Kollagengerüst unserer Knochen besteht aus Eiweiß und auch die Muskeln benötigen diesen wichtigen Baustoff. Deshalb müssen wir ihn regelmäßig über die Ernährung aufnehmen. Mit einer pflanzenbetonten und ausgewogenen Kost kommen Sie problemlos auf die Proteinmenge, die der Körper braucht.

Proteine stecken in vielen tierischen Lebensmitteln wie Ei, Käse, Fleisch oder Fisch, sie sind aber auch reichlich in pflanzlichen Produkten wie Sojabohnen oder Lupinen enthalten. Gebildet werden Eiweiße aus kleinsten Bausteinen, den Aminosäuren. Wichtig sind für uns neun davon, die der Körper nicht selbst bilden kann – sie gelten als essenziell. Alle Aminosäuren werden in verschiedenen Kombinationen zu Eiweißmolekülen verbunden oder gefaltet.

So viel Eiweiß brauchen wir

Jeden Tag benötigt der Körper rund 1 g Eiweiß pro kg Körpergewicht (bei einem normalen Gewicht). Bringt ein etwa 1,80 Meter großer Mann 75 kg auf die Waage, müsste er folglich rund 75 g Eiweiß pro Tag zu sich nehmen. Idealerweise verteilt man die benötigte Eiweißration auf drei Mahlzeiten. Proteinshakes sind für Gesunde und Normalgewichtige nicht sinnvoll. Spezielle Lebensumstände können den Proteinbedarf verändern:

- Ältere und kranke Menschen sowie Schwangere und Leistungssportler benötigen 1,2 bis 1,5 g Eiweiß pro kg Körpergewicht. Vor allem für ältere Menschen besteht das Risiko, bei zu wenig Eiweiß im Essen an Muskelmasse zu verlieren – sie benötigen mehr Protein zum Aufbau von Knochen und Muskulatur.
- Bei Übergewicht sollte man die Menge reduzieren und nur 0,8 g Eiweiß pro kg Körpergewicht zu sich nehmen. Der Grund: Zu viel Protein wird vom Körper auch als Fett eingelagert.
- Aufpassen bei der Eiweißzufuhr sollten alle, die an den Nieren erkrankt sind. Hier muss der Arzt ein geeignetes Ernährungskonzept vorlegen.

Eiweißmangel im Alter

Wer sich wenig bewegt und allein lebt, isst oft nicht regelmäßig. Auch Schwierigkeiten beim Kauen können das Essen erschweren. Da mit den Jahren die Magensäureproduktion abnimmt, wird die Nahrung schlechter aufgeschlossen und so die Aufnahme von Nährstoffen aus dem Darm schwieriger. Für ältere Menschen kann das fatal sein, da sie dann langsam Muskelmasse verlieren. In diesen Fällen können Proteinshakes durchaus sinnvoll sein.

Tierisch oder pflanzlich?

Die neun essenziellen Aminosäuren kommen in allen pflanzlichen und tierischen Eiweißträgern vor. Aber es gibt Unterschiede:

- **Proteine aus tierischen Quellen** haben mengenmäßig mehr Aminosäuren zu bieten. Außerdem ähneln sie unserem menschlichen Körpereiweiß stärker. Je ähnlicher ein Eiweiß ist, desto leichter kann der Körper es einbauen: Es hat eine höhere biologische Wertigkeit.
- **Proteine aus pflanzlichen Quellen** sind dafür gesünder, denn Pflanzen liefern zusätz-

lich noch viele darmaktivierende Ballaststoffe und zellschützende sekundäre Pflanzenstoffe sowie Mineralien und Vitamine. Weil nicht alle Aminosäuren, die wir brauchen, in Pflanzen vorkommen, muss man bei einer rein veganen Ernährung immer darauf achten, dass viele unterschiedliche Hülsenfrüchte, Gemüse, Salate und Kräuter auf dem Speiseplan stehen.

Für Experten ist die Sache klar: Zu zwei Dritteln sollte man – auch als Vegetarier – auf Hülsenfrüchte setzen, maximal ein Drittel des Eiweißes kommt dann aus tierischen Quellen. Verarbeitetes Fleisch ist dabei tabu, helles Fleisch und Fisch rangieren vor rotem Fleisch. Ausnahme: Wild mit seinem günstigen Fettsäuremuster. Pflanzeneiweiß verlängert nachweislich die Lebenserwartung, tierisches Protein nicht. Das liegt jedoch nicht am Eiweiß selbst, sondern daran, dass Fertiggerichte oft reich an tierischem Eiweiß sind und zusätzlich mit ungesunden Fetten, Salz und Phosphaten versetzt wurden, die den Körper belasten. Nicht zu vergessen: Eiweißreiche Ernährung ist oft säurebildend und deshalb bei Osteoporose nicht uneingeschränkt zu empfehlen (siehe Seite 35).

Die 10 besten pflanzlichen Eiweißquellen

Eiweißgehalt pro 100 g

- Hanfsamen / 32 g
- Erdnuss / 28 g
- Tempeh / 20 g
- Sonnenblumenkerne / 22,5 g
- Sojaschnetzel / 21 g
- Leinsamen / 24,4 g
- Pistazienkerne / 20,8 g
- Mandeln / 18,7 g
- Nudeln aus Hülsenfrüchten / 23 g
- Kürbiskerne / 35,5 g

Noch mehr wichtige Mikronährstoffe

Eine ganze Reihe weiterer Mineralstoffe, Spurenelemente und Vitamine sowie die essenziellen Omega-3-Fettsäuren beeinflussen die Stabilität unserer Knochen. So sind vor allem für das Vitamin K, aber auch für das Vitamin B6 oder die Mikronährstoffe Magnesium, Mangan, Zink oder Bor positive Effekte auf den Knochenstoffwechsel nachgewiesen.

Am besten nehmen Sie diese Mikronährstoffe in Form von natürlichen Lebensmitteln auf, so ist eine gefährliche Überdosierung nicht möglich. Außer Ihr Arzt verordnet Ihnen entsprechende Präparate.

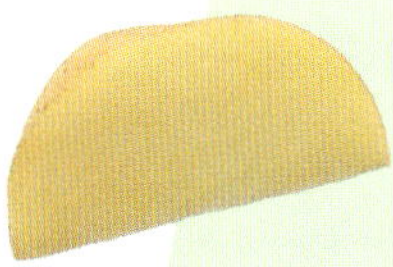

Kalium

Kalium ist am Stoffwechsel jeder Zelle beteiligt. Eine vermehrte Aufnahme an kaliumreichen Lebensmitteln leistet einen wichtigen Beitrag zur Vorbeugung von Osteoporose, wenn man gleichzeitig Natrium (den Gegenspieler von Kalium) reduziert. Das gelingt, wenn man weniger Salz verwendet. Kalium wirkt positiv auf den Knochenstoffwechsel, weil es eine erhöhte Ausscheidung von Kalzium über die Nieren bremst. Außerdem hilft es dabei, den Säure-Basen-Haushalt im Gleichgewicht zu halten.

▶ **Quellen:** Kartoffeln und basenreiche Gemüsesorten (siehe ab Seite 34)

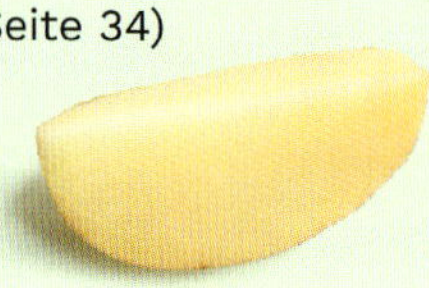

Magnesium

Für die Struktur des Knochens und sein Wachstum ist Magnesium wichtig: 50 Prozent des körpereigenen Magnesiums sind in den Knochen gespeichert. Studien belegen einen Zusammenhang zwischen einer hohen Magnesiumzufuhr und einer hohen Knochendichte bei Gesunden. Außerdem sind Knochenbrüche seltener als bei Menschen mit einer geringeren Magnesiumzufuhr. Dieser Zusammenhang ist bei Frauen stärker ausgeprägt als bei Männern. Ein Grund dafür scheint auch zu sein, dass der Mineralstoff entzündungshemmend wirkt, einen wesentlichen Beitrag zum Erhalt der Muskelkraft leistet und die Stabilität der Knochen fördert. Auf diese Weise verringert Magnesium gleichzeitig drei Risiken, die zu Osteoporose, Stürzen und Knochenbrüchen beitragen. Männern wird eine tägliche Zufuhr von 350 mg Magnesium empfohlen, für Frauen sind es 300 mg.

▶ **Quellen:** Vollkornprodukte (vor allem Hafer), Nüsse, kalzium- und magnesiumreiche Heilwässer (ab etwa 250 mg Kalzium bzw. 100 mg Magnesium/l), Milchprodukte

Cu

Kupfer

Bei einem Mangel an Kupfer kommt es zu einer verminderten Aktivität von bestimmten Enzymen. Für den Knochenstoffwechsel spielt beispielsweise die Lysyloxidase eine wichtige Rolle – sie ist für die Vernetzung der Kollagene nötig. Daneben benötigen Osteoblasten Kupfer für die Ausbildung der Vorläuferzellen.

▶ **Quellen:** Kakao, Leber, Kaffee, Muscheln und Schalentiere, Cashewkerne, Sonnenblumenkerne, Haselnüsse, Sojabohnen, Linsen, Emmentaler

Mn

Mangan

Als Co-Faktor ist das Spurenelement für die Bildung von körpereigenen Eiweißen, Bindegewebe, Knorpeln und Knochen wichtig. Unser Körper enthält etwa 10 bis 40 mg Mangan, davon befinden sich 40 Prozent in den Knochen.

▶ **Quellen:** Haferflocken, Sojamehl, Weizenvollkornmehl, Haselnüsse, Weizenvollkornbrot

Zn

Zink

Zink ist nach Eisen das Spurenelement, das am zweithäufigsten im Körper vorkommt. Es spielt bei so gut wie allen Stoffwechselprozessen und im Immunsystem eine wichtige Rolle. Zinkmangel gilt als Risikofaktor für die Entstehung einer Osteoporose. Epidemiologische Untersuchungen haben gezeigt, dass das Risiko für Knochenbrüche bei denjenigen, die nur 10 mg Zink am Tag aufnehmen, doppelt so hoch ist wie bei Vergleichspersonen, die deutlich mehr davon essen. Nach Knochenbrüchen soll Zink den Heilungsprozess stimulieren, außerdem schützt es die Zellen vor oxidativem Stress und trägt zur Erhaltung normaler Knochen bei. Zink aus tierischen Lebensmitteln kann der Körper besser verwerten als das aus pflanzlichen Quellen.

▶ **Quellen:** Austern, Leber, Käse, Weizenkeime, Kakao, Mohn, Kürbiskerne, Leinsamen, Hafer

Bor

Das Ultraspurenelement spielt möglicherweise eine Schlüsselrolle bei der Regulierung der Geschlechtshormone Östradiol und Testosteron. Der tägliche Bedarf liegt bei weniger als 1 mg. Bei Frauen nach den Wechseljahren steigert eine unzureichende Versorgung mit Bor die Ausscheidung von Kalzium und Magnesium über die Nieren. Möglicherweise optimiert Bor die Wirkung anderer knochenwirksamer Mikronährstoffe wie Kalzium, Magnesium und Vitamin D. Wer sich vegan oder vegetarisch ernährt, nimmt von Haus aus ausreichende Mengen des Spurenelements auf, da tierische Lebensmittel kein Bor enthalten.

▶ **Quellen:** Rote Bete, Sellerie, Apfel, Aprikose, Nüsse, Getreideprodukte, Trockenpflaumen, Blattgemüse, Wein, Bier

Vitamin C

Das Vitamin trägt zur Bildung von Kollagen bei, das wir für eine normale Funktion der Knochen benötigen. Nachgewiesen ist daneben ein positiver Zusammenhang zwischen der Vitamin-C-Aufnahme und der Knochendichte. Ein Vitamin-C-Mangel führt hingegen zu Störungen im Knochenstoffwechsel und beeinträchtigt die Umwandlung von Vitamin D in seine knochenaktive Form.

▶ **Quellen:** Zitrusfrüchte, Paprikaschoten, Sanddorn, Johannisbeeren

Vitamin K

Vitamin K ist eine Sammelbezeichnung für Vitamine, die an der Bildung von unterschiedlichen Eiweißbausteinen beteiligt sind. Das sind Proteine für das Knochengerüst, die Blutgerinnung und das Blutplasma. Bei Frauen mit einer niedrigen Vitamin-K-Aufnahme ist Studien zufolge auch das Risiko von Knochenbrüchen erhöht. Trotzdem ist noch nicht gesichert, welche Rolle die Vitaminverbindungen bei der Entstehung von Osteoporose spielen und ob eine zusätzliche Einnahme von Vitamin K nützlich ist. Nachweislich hilft Vitamin K als Gegenspieler zu einer durch die Einnahme von Kortikoiden verursachten Osteoporose (siehe Seite 34). Auch die Wirksamkeit von Bisphosphonaten verbessert sich. Die Wechselwirkung mit Vitamin D spielt ebenfalls eine Rolle. Wer regelmäßig grünes Gemüse, Salate und Kräuter verzehrt, nimmt reichlich Vitamin K auf und muss keine Mangelerscheinungen fürchten.

▶ **Quellen:** Brunnen- oder Gartenkresse, Grünkohl, Sauerkraut, grüne Gemüse wie Spinat oder Rosenkohl, Innereien, einige fermentierte Käsesorten und getrocknete Früchte

B12 B9

Folsäure (Vitamin B9) und Vitamin B12

Im Körper spielt Folsäure bei allen Wachstumsprozessen und bei der Zellteilung eine Rolle. Auch für die Blutbildung ist eine ausreichende Versorgung mit dem Vitamin wichtig. Vitamin B12 ist ebenfalls für verschiedene Stoffwechselvorgänge von Bedeutung. Es unterstützt beispielsweise die Blutbildung, indem es Folsäure in seine aktive Form überführt. Ein guter Folsäure- und Vitamin-B12-Status hat Studien zufolge einen günstigen Einfluss auf die Knochendichte und verhindert daher Knochenbrüche.

▶ **Quellen für Folsäure:** Spinat, Salate, Tomaten, Spargel, Kohl, Hülsenfrüchte, Weizenkleie und Vollkornprodukte, Eigelb

▶ **Quellen für Vitamin B12:** tierische Lebensmittel (Fleisch, Fisch, Eier, Milch und Milchprodukte), in geringen Mengen in Sauerkraut

Ω3

Omega-3-Fettsäuren

Auf- und Abbau von Knochen- und Knorpelsubstanz sowie die Steuerung von Entzündungsreaktionen in den Gelenken werden durch ein komplexes Wechselspiel von Botenstoffen gesteuert. So wirken die aus der Omega-6-Fettsäure Arachidonsäure entstehenden Mediatoren knochenabbauend und verstärken Entzündungen. Aus den Omega-3-Fettsäuren EPA (Eicosapentaensäure) und DHA (Docosahexaensäure) werden dagegen schützende Mediatoren wie PGE3, LTB5 oder 5-HEPE gebildet. Sie stimulieren den Aufbau von Knochen und Kollagen und wirken antientzündlich. Generell helfen die ungesättigten Omega-3-Fettsäuren dabei, den Prozess des Alterns zu verzögern.

▶ **Quellen:** Algenöle, Fisch (Schellfisch, Lachs, Makrele, Sardine), Pflanzenöle (Leinöl, Rapsöl, Hanföl, Walnussöl), Gemüse (Rosenkohl, Avocado, Spinat, Bohnen), Nüsse und Samen (Leinsamen, Walnüsse, Mandeln), Soja

Der Omega-3-Index

Der Omega-3-Index gibt an, wie gut man mit den lebenswichtigen ungesättigten Fettsäuren versorgt ist. Hierzu werden anhand von wenigen Tropfen Blut die roten Blutkörperchen auf den Anteil von EPA und DHA an den Gesamtfettsäuren ermittelt. Ideal ist nach neuesten Erkenntnissen ein Omega-3-Index von 8 bis 12 Prozent.

REZEPTE FÜR GESUNDE KNOCHEN

Mit grüner Küche gegen Osteoporose, das ist das Motto der Rezepte von Holger Stromberg. Seine alltagstauglichen Kreationen beweisen, wie leicht sich Gesundheit und Genuss unter einen Hut bringen lassen. Denn wer sich überwiegend pflanzenbasiert ernährt, tut nicht nur sich und seinen Knochen etwas Gutes, sondern wird auch mit tollen Geschmackserlebnissen belohnt. Wetten, dass Sie auf den nächsten Seiten lauter neue Lieblingsrezepte finden? Lassen Sie sich überraschen: Auch eine vegane Currywurst ist dabei. Wenn Sie nicht ganz auf Fleisch verzichten möchten, können Sie viele Gerichte einfach mit Geflügel- oder Fleischbeilagen in guter Qualität ergänzen. Und das Beste: Selbst cleveres Naschen stärkt die Knochen…

Frühstücksmüsli

Für 1 Person | Zubereitung: 5 Minuten | Quellen: 30 Minuten
Nährwerte pro Portion: ca. 340 kcal, 9 g EW, 20 g F, 26 g KH, 41 mg Ca

Zutaten:

10 g geschälte Hanfsamen
20 g kernige Haferflocken
10 g geschrotete Goldleinsamen
1 Medjool-Dattel (entsteint), grob gehackt
70 ml ungesüßter Haferdrink
¼ TL Zimtpulver
3 Pecannusskerne, grob gehackt

Zubereitung:

Die Hanfsamen in einer beschichteten Pfanne ohne Fett bei mittlerer Hitze anrösten. Herausnehmen und abkühlen lassen.

Alle Zutaten in ein Glas oder eine Schüssel geben und verrühren. Beiseitestellen und etwa 30 Minuten quellen lassen.

Zum Essen das Müsli nochmals umrühren, nach Belieben mit 1 EL frischen Beeren bestreuen und genießen.

Einfach gesund essen:

Mein Frühstücksmüsli ist die ideale Mahlzeit für eine erste Portion knochengesunder Nährstoffe am Tag – mit Pflanzeneiweiß aus Hanfsamen, Kalzium aus Leinsamen sowie Zink und Vitamin B1 aus den Haferflocken.

Übrigens: Ich verwende nicht nur bei Getreide gerne Bio-Produkte. Die meisten Studien kommen zu dem Ergebnis, dass diese im Vergleich zu Lebensmitteln aus konventioneller Landwirtschaft weit höhere Mineralstoffgehalte und mehr zellschützende Antioxidantien aufweisen.

Kamut-Porridge mit Pfirsich und Pistazien

Für 4 Personen | Zubereitung: 45 Minuten | Einweichen: 8 Stunden (über Nacht)
Nährwerte pro Portion: ca. 360 kcal, 11 g EW, 6 g F, 58 g KH, 33 mg Ca

Zutaten:

Für den Porridge:
300 g Kamut (ganzes Korn)
300 ml ungesüßter Mandeldrink
1 geh. EL Kokosblütenzucker (20 g)
1 TL Zimtpulver
frisch geriebene Muskatnuss
gemahlener Kardamom
Salz

Für das Topping:
1 Pfirsich
1 EL vegane Margarine
1 TL Kokosblütenzucker
1 EL geschälte ungesalzene Pistazien, zerstoßen
2 EL Weizenkeime

Zubereitung:

Am Vorabend für den Porridge 200 g Kamut in einer Schüssel mit kaltem Wasser bedecken und mindestens 8 Stunden, am besten über Nacht, einweichen.

Am nächsten Tag den eingeweichten Kamut in ein Sieb abgießen und abtropfen lassen. Die übrigen 100 g Kamut in einer beschichteten Pfanne ohne Fett bei mittlerer Hitze etwa 10 Minuten unter Wenden rösten, bis das Korn aufpoppt. In einen leistungsfähigen Standmixer geben und grob anmixen.

Den eingeweichten und den gerösteten Kamut in eine tiefe beschichtete Pfanne geben, den Mandeldrink und 300 ml Wasser dazugießen. Alles erhitzen und offen bei mittlerer Hitze etwa 30 Minuten köcheln lassen. Dabei immer wieder mit einem Teigschaber umrühren, damit der Kamutbrei nicht anliegt. Bei Bedarf etwas Flüssigkeit nachgießen. Zuletzt mit Zucker, Zimt sowie je 1 Prise Muskatnuss, Kardamom und Salz würzen.

Währenddessen für das Topping den Pfirsich waschen, halbieren, entkernen und in Spalten schneiden. Die Margarine in einer Pfanne erwärmen und Kokosblütenzucker und Pfirsichspalten dazugeben. Alles bei kleiner Hitze etwa 5 Minuten andünsten, bis die Spalten schön glänzen und leicht gebräunt sind.

Zum Servieren den warmen Porridge auf tiefe Teller oder Schalen verteilen und die Pfirsichspalten darauflegen.
Mit Pistazien und Weizenkeimen bestreuen.

Frühstücks-Cookies mit Nüssen und Cranberrys

Für 8 Stück | Zubereitung: 10 Minuten | Backen: 12–20 Minuten
Nährwerte pro Stück: ca. 225 kcal, 8 g EW, 13 g F, 17 g KH, 57 mg Ca

Zutaten:

100 g zarte Haferflocken
50 g Sonnenblumenkerne
25 g gemahlene, blanchierte Mandeln (Mandelmehl)
25 g Mandeln
25 g Kürbiskerne
25 g helle Sesamsamen
25 g Leinsamen
30 g getr. Cranberrys
1 Prise Zimtpulver
1 Prise Salz
30 g Dattelsüße
30 g Mandelmus
1 Flax Egg (siehe Tipp Seite 146)

Zubereitung:

Den Backofen auf 170 °C vorheizen. Ein Backblech mit Backpapier belegen. Alle trockenen Zutaten in eine Rührschüssel geben und mischen. Die restlichen Zutaten sowie 3 EL Wasser dazugeben und alles mit den Knethaken des Handrührgeräts oder der Küchenmaschine verrühren.

Aus der Masse mit einem Eisportionierer (ca. 6 cm Durchmesser) 8 Portionen abnehmen und jede Portion mit angefeuchteten Händen fest zu einer Kugel pressen. Die Kugeln zu flachen Cookies formen und auf das Blech setzen. Sollte die Masse zu krümelig sein, noch etwas Flüssigkeit (z. B. ungesüßten Haferdrink) unterrühren.

Die Cookies im Ofen auf der mittleren Schiene je nach Größe 12 bis 20 Minuten goldgelb backen. Aus dem Ofen nehmen und auf einem Backblech abkühlen lassen. Sie halten sich etwa 1 Woche in der Vorratsdose. Wer will, kann auch einfach einen Cookie zerkrümeln und als Granola für das Frühstücksmüsli verwenden.

Tipp:
Sollten Sie gerade eine der Nusssorten oder Saatenzutaten nicht zur Hand haben, können Sie einfach die entsprechende Menge einer anderen Saat verwenden. Das Mandel-Trio liefert reichlich Vitamin E sowie Kalzium und Kupfer – ideal für starke Knochen (siehe Seite 42).

Kräuter-Hirse-Crêpes mit Kapernfrischkäse und Gemüse

Für 2 Personen | Zubereitung: 25 Minuten
Nährwerte pro Portion: ca. 775 kcal, 10 g EW, 47 g F, 76 g KH, 56 mg Ca

Zutaten:

Für den Crêpes-Teig:
130 g Hirsemehl
200 ml ungesüßter Haferdrink
2 EL Olivenöl
2 TL Pfeilwurzelstärke (15 g; ersatzweise Speisestärke)
½ TL Salz
frisch geriebene Muskatnuss
1 EL Schnittlauchröllchen
10 g gehackter Dill (mit Stielen)
50 g gegarte Hirse

Außerdem:
1 kleine Möhre
1 kleine Bauerngurke
abgeriebene Schale und Saft von 1 Bio-Limette
150 g pflanzliche Frischkäse-Alternative auf Sojabasis
1 EL Kapern
2 EL natives Kokosöl
2 TL Traubenkernöl

Zubereitung:

Für den Crêpes-Teig in einer Rührschüssel Hirsemehl, Haferdrink, Olivenöl, Stärke, Salz und 1 Prise Muskatnuss mit den Quirlen des Handrührgeräts mischen. Die Hälfte der Kräuter und die gegarte Hirse unterrühren und den Teig beiseitestellen.

Möhre und Gurke putzen und schälen bzw. waschen und auf der Gemüsereibe grob raspeln. Die Raspel mit der Hälfte der Limettenschale und des -safts mischen. Den Frischkäse in eine kleine Schüssel geben. Die Kapern hacken und mit den restlichen Kräutern unter den Frischkäse ziehen. Mit der übrigen Limettenschale und dem -saft abschmecken.

In einer flachen beschichteten Pfanne 1 EL Kokosöl erhitzen und die Hälfte des Kräuter-Hirse-Teigs darin unter Schwenken verteilen. Bei schwacher bis mittlerer Hitze zu einem goldgelben Crêpe backen, wenden und noch etwa 1 Minute backen. Herausnehmen und warm halten. Aus dem übrigen Öl und dem restlichen Teig einen weiteren Crêpe zubereiten.

Zum Servieren die Crêpes auf Teller setzen und mit Rohkost und etwas Frischkäsecreme belegen. Nach Belieben mit Kresse garnieren, zuletzt mit je 1 TL Traubenkernöl beträufeln.

Kefir-Buchweizen-Pancakes mit Beeren und Walnüssen

Für 2 Personen | Zubereitung: 25 Minuten
Nährwerte pro Portion: ca. 1100 kcal, 14 g EW, 63 g F, 121 g KH, 171 mg Ca

Zutaten:

50 g Walnusskerne
1 TL Kokosblütenzucker
200 g Buchweizenmehl
50 ml Haselnussöl
3 EL flüssiger Honig
200 ml Kefir
Salz
gemahlene Vanille
80 g Blaubeeren
3 EL natives Kokosöl

Zubereitung:

1

Die Walnüsse in einer Pfanne ohne Fett etwa 10 Minuten rösten. Nach etwa 5 Minuten den Zucker darüberstreuen. Die Nüsse vom Herd nehmen.

2

Mehl, Nussöl, 2 EL Honig, Kefir, je 1 Prise Salz und Vanille mit den Quirlen des Handrührgeräts mischen. Beeren verlesen, waschen und trocken tupfen.

3

In einer beschichteten Pfanne 1 EL Kokosöl erhitzen. Mit einem Löffel 2-mal je ein Sechstel des Teiges hineinsetzen, mit Beeren belegen, 3 Minuten backen.

4

Auf diese Weise 6 Pancakes backen. Zum Servieren mit den übrigen Beeren und dem Walnuss-Topping bestreuen. Den restlichen Honig darüberträufeln.

Einfach gesund essen:

Buchweizenmehl galt früher als Armeleuteessen, enthält aber viele wertvolle Nährstoffe und ist außerdem glutenfrei. Für die Knochen ist der hohe Eiweißgehalt des Pseudogetreides von Bedeutung. Der Kefir liefert ebenfalls Proteine und dazu noch eine große Portion Kalzium sowie darmgesunde Milchsäurebakterien.

Saaten-Granola mit Beerenjoghurt und Leinöl

Für 2 Personen | Zubereitung: 10 Minuten | Backen: 25 Minuten
Nährwerte pro Portion: ca. 470 kcal, 20 g EW, 31 g F, 22 g KH, 153 mg Ca

Zutaten:

Für das Granola:
20 g helle Sesamsamen
30 g geschälte Hanfsamen
30 g Goldleinsamen
20 g Sonnenblumenkerne
20 g Kürbiskerne
25 g Dattelsirup
1 Prise Salz

Außerdem:
40 g Brombeeren
40 g Himbeeren
20 g Blaubeeren
200 g pflanzliche Joghurt-Alternative auf Sojabasis
1 EL kalt gepresstes Leinöl

Zubereitung:

Für das Granola den Backofen auf 150 °C vorheizen. Ein Backblech mit Backpapier belegen. Alle Zutaten mischen und auf dem Blech verteilen. Das Granola im Ofen auf der mittleren Schiene etwa 25 Minuten goldbraun backen. Herausnehmen und auf einem Kuchengitter abkühlen lassen. Das Granola ist direkt nach dem Backen noch etwas weich und wird nach dem Abkühlen kross.

Zum Servieren die Beeren verlesen, waschen und trocken tupfen. Den Joghurt auf Schalen verteilen und mit Beeren und Granola bestreuen. Zuletzt alles mit Leinöl beträufeln.

Tipp:
Auf den ersten Blick sieht Granola aus wie Müsli und basiert wie dieses auch auf Getreide oder wie hier auf Saaten mit gesunden Fetten. Dennoch ist das „Knuspermüsli“ ein anderes Produkt, was die Herstellung, Zusammensetzung und Verwendung betrifft. Die crunchy Mischung wird immer im Ofen gebacken und ist bis zu 3 Wochen haltbar. Wer will, kann daher gleich eine größere Menge zubereiten.

Erdbeer-Himbeer-Smoothie mit Hanfsamen

Für 2 Personen | Zubereitung: 10 Minuten
Nährwerte pro Portion: ca. 145 kcal, 4 g EW, 4 g F, 19 g KH, 39 mg Ca

Zutaten:

100 g Erdbeeren
100 g Himbeeren
1 Banane
50 g pflanzliche Joghurt-Alternative auf Sojabasis
1 TL geröstete geschälte Hanfsamen
150 ml ungesüßter Haselnussdrink
frisch gepresster Saft von ½ Orange
1 Prise gemahlene Vanille
1 Prise Zimtpulver

Zubereitung:

Die Beeren verlesen, waschen und trocken tupfen. Die Banane schälen und grob schneiden. Beides mit den übrigen Zutaten in einen hohen Rührbecher geben. Alles mit dem Stabmixer fein pürieren und den Smoothie auf Gläser verteilen. Je nach Saison können Sie frische oder tiefgekühlte Beeren verwenden.

Einfach gesund essen:

Der Smoothie ist das ideale Frühstück zum Mitnehmen oder wenn es mal schnell gehen soll. Hanfsamen liefern alle essenziellen Aminosäuren sowie die Knochennährstoffe Kalzium, Magnesium und Eisen. Der Smoothie ist sogar für Allergiker geeignet, da er weder Gluten noch Laktose enthält.

Brombeer-Hanf-Shake mit Spirulina-Algen

Für 2 Personen | Zubereitung: 5 Minuten
Nährwerte pro Portion: ca. 125 kcal, 3 g EW, 5 g F, 16 g KH, 64 mg Ca

Zutaten:

250 g tiefgekühlte Brombeeren
300 ml ungesüßter Hanfdrink
20 ml Agavendicksaft
2 g Spirulina-Pulver (aus Bioladen oder Reformhaus; siehe Tipp)
½ TL Zimtpulver

Zubereitung:

Alle Zutaten in einen hohen Rührbecher geben und mit dem Stabmixer fein pürieren. Bei warmem Wetter können die Brombeeren tiefgekühlt als kühle Erfrischung untergemixt werden – ansonsten vorher besser etwas antauen lassen. Anschließend die Brombeermischung durch ein feines Sieb streichen und die kleinen Kerne entfernen. Den Shake auf Gläser verteilen und mit einem Glas- oder Metallstrohhalm genießen.

Tipp:
Achten Sie beim Kauf von Spirulina-Produkten auf rückstandskontrollierte Ware, idealerweise aus geschlossenen Systemen und aus heimischer Produktion. Spirulina-Algen gibt es übrigens auch aus Bio-Aquakultur.

Beeren-Hagebutten-Chiapudding mit Kürbiskernen

Für 4 Personen | Zubereitung: 15 Minuten | Quellen: 1 Stunde 10 Minuten
Nährwerte pro Portion: ca. 180 kcal, 6 g EW, 10 g F, 12 g KH, 32 mg Ca

Zutaten:

Für den Chiapudding:
100 g Brombeeren
50 g Himbeeren
50 g Blaubeeren
½ l ungesüßter Mandeldrink
1 EL Dattelsirup
1 EL Hagebuttenmark (aus dem Bioladen)
½ TL gemahlene Vanille
Salz
50 g Chiasamen

Außerdem:
6 Himbeeren
4 Brombeeren
6 Blätter Minze
2 EL geröstete Kürbiskerne
1 EL geschälte Hanfsamen
1 TL Chiasamen

Zubereitung:

Für den Chiapudding die Beeren verlesen, waschen und trocken tupfen. Mit Mandeldrink, Dattelsirup und Hagebuttenmark in einen hohem Rührbecher mit dem Stabmixer fein pürieren.

Die Fruchtmischung in eine Metallschüssel füllen, dann Vanille, 1 Prise Salz und die Chiasamen dazugeben und alles mit einem Schneebesen gleichmäßig verquirlen. Den Pudding etwa 10 Minuten quellen lassen, dabei ab und zu durchrühren, damit die Chiasamen nicht verklumpen.

Anschließend den Pudding mindestens 1 Stunde kühl stellen, dabei gelegentlich umrühren. Der Chiapudding kann auch schon am Vorabend zubereitet werden.

Zum Servieren die Beeren verlesen, waschen und trocken tupfen. Den Pudding auf Schalen verteilen und mit Beeren, Minze, Kürbiskernen, Hanfsamen und Chiasamen garnieren. Wer will, gibt noch einen Extraklecks Hagebuttenmark darauf.

Einfach gesund essen:

Hagebuttenmark enthält 20-mal mehr Vitamin C als eine Zitrone und gut 200 mg Kalzium pro 100 g. Als besonders wertvoll gelten auch die in den roten Früchten enthaltenen Galaktolipide. Das sind sekundäre Pflanzenstoffe, die unsere Gefäße schützen und Schmerzen in entzündeten Gelenken, Knorpeln und Sehnen lindern können.

Schoko-Hafer-Schale aus dem Ofen

Für 2 Personen | Zubereitung: 10 Minuten | Backen: 20 Minuten
Nährwerte pro Portion: ca. 445 kcal, 12 g EW, 22 g F, 47 g KH, 9 mg Ca

Zutaten:

natives Kokosöl für die Form
100 g zarte Haferflocken
50 g vegane Zartbitter-schokolade
½ Banane
100 ml ungesüßter Haferdrink
1 TL Dattelsirup
1 TL Raw Kakao (rohes Kakaopulver)
¼ TL Zimtpulver
½ TL Weinsteinbackpulver
1 Prise gemahlene Vanille
1 Prise Salz

Zubereitung:

1

Den Backofen auf 170 °C vorheizen. 2 ofenfeste Förmchen einfetten. Die Haferflocken in einem leistungsfähigen Standmixer fein zermahlen.

2

Die Schokolade hacken und über dem heißen Wasserbad unter Rühren schmelzen. Banane schälen, mit den Quirlen des Handrührgeräts zu Mus verrühren.

3

Anschließend übrige Zutaten gleichmäßig unterrühren. Den Teig auf die Förmchen verteilen, im Ofen auf der mittleren Schiene etwa 20 Minuten backen.

4

Die Schalen herausnehmen und nach Belieben mit Kakaopulver und Hanfsamen bestreuen. Am besten als warmes Frühstück genießen.

Einfach gesund essen:

Haferflocken gehören zu den gesündesten Lebensmitteln überhaupt. Sie sind reich an Pflanzeneiweiß und Ballaststoffen, wobei vor allem der Ballaststoff Beta-Glucan wertvoll, weil blutzuckerschonend ist. Darüber hinaus liefert das Getreide wichtige Vitamine wie Vitamin B1 für geistige Fitness und knochenschützende Mineralstoffe wie Mangan, Zink und Magnesium (siehe Seite 46 f.).

Geröstetes Sauerteigbrot mit Tomaten-Walnuss-Crumble

Für 2 Personen | Zubereitung: 10 Minuten | Backen: 12 Minuten
Nährwerte pro Portion: ca. 500 kcal, 12 g EW, 27 g F, 48 g KH, 7 mg Ca

Zutaten:

2 Scheiben Sauerteigbrot (à ca. 80 g)
1 EL Olivenöl
40 geröstete Walnusskerne
2 Medjool-Datteln (entsteint)
60 g getr. Tomaten in Öl
2 EL gehackte Petersilie
abgeriebene Schale von ½ Bio-Zitrone
Salz
Pfeffer aus der Mühle
5 schwarze Oliven (entsteint; z. B. Kalamata)
Piment d'Espelette

Zubereitung:

Den Backofen auf 170 °C vorheizen. Ein Backblech mit Backpapier belegen und das Sauerteigbrot daraufsetzen. Mit Olivenöl beträufeln und im Ofen auf der mittleren Schiene etwa 12 Minuten kross backen. Herausnehmen und beiseitestellen.

Inzwischen geröstete Walnüsse und Datteln grob hacken. Die Tomaten etwas abtropfen lassen und ebenfalls hacken. Alles mit Petersilie und Zitronenschale mischen und die Crumble mit Salz und Pfeffer abschmecken.

Zum Servieren die Brote in 10 mundgerechte Stücke schneiden und die Tomaten-Walnuss-Crumble darauf verteilen. Mit je ½ schwarzen Olive und etwas Piment d'Espelette garnieren.

Tipp:
In meiner Küche verwende ich gerne Ursalz. Das im Trockenabbau gewonnene Steinsalz, das aus dem Urmeer stammt, besitzt eine hohe Reinheit und schmeckt kräftig, dabei jedoch fein salzig. Ursalz gilt als besonders verträglich und kommt im Gegensatz zu handelsüblichem Tafelsalz ohne Rieselhilfen aus.

Herzhafte Hirse-Bowl mit Ziegenkäse und Birnen

Für 2 Personen | Zubereitung: 20 Minuten
Nährwerte pro Portion: ca. 720 kcal, 21 g EW, 31 g F, 86 g KH, 299 mg Ca

Zutaten:

200 g Hirse
Salz
1 Schalotte
1 Birne
1 EL Rapsöl
1 EL Balsamico bianco
Saft von 1 Orange
1 TL Gemüsebrühe
½ TL Salz
Pfeffer aus der Mühle
100 g Ziegencamembert
20 g Rucola
2 EL Olivenöl
1 EL geröstete gemischte Nusskerne (z. B. Cashew-, Hasel-, Walnusskerne)

Zubereitung:

Die Hirse in einem Topf in Salzwasser nach Packungsanweisung etwa 10 Minuten bissfest garen. Dann vom Herd nehmen und offen ausdampfen lassen, dabei mit einer Gabel auflockern.

Inzwischen die Schalotte schälen, halbieren und längs in Spalten schneiden. Die Birne waschen, halbieren, entkernen und in Spalten schneiden. Das Rapsöl in einer beschichteten Pfanne erhitzen und Schalotte und Birne darin goldbraun andünsten. Essig und Orangensaft darübergießen und einkochen lassen. Mit Brühe, Salz und 1 Prise Pfeffer abschmecken. Den Ziegencamembert würfeln und kurz mit in der Pfanne schwenken.

Zum Servieren den Rucola verlesen, waschen und trocken schleudern. Die gegarte Hirse in eine große Schüssel füllen und den Birnen-Schalotten-Mix locker untermischen. Mit Olivenöl beträufeln und den Rucola unterheben. Alles auf Schalen (Bowls) verteilen und mit den gerösteten Nüssen bestreuen..

Einfach gesund essen:

Rucola gehört zu den Top-Kalziumlieferanten (siehe Seite 42). Die würzigen Blätter stammen aus der Familie der Kreuzblütler und enthalten damit reichlich Senfölverbindungen. Diese sekundären Pflanzenstoffe wirken entzündungshemmend und sollen Krebserkrankungen abwehren können.

Grüne Shakshuka mit Feta und Erbsen

Für 2 Personen | Zubereitung: 45 Minuten
Nährwerte pro Portion: ca. 570 kcal, 10 g EW, 47 g F, 22 g KH, 354 mg Ca

Zutaten:

5 Frühlingszwiebeln
2 Knoblauchzehen
½ Staude Mangold (ca. 500 g)
3 EL Olivenöl
150 ml Kokosmilch
½ TL gemahlener Koriander
1 Zacken Sternanis
50 g tiefgekühlte Erbsen
50 g junger Spinat
6 Cocktailtomaten
100 g pflanzliche Feta-Alternative
1 ½ TL Salz
¼ TL Pfeffer aus der Mühle
frisch geriebene Muskatnuss
1 EL gehackter Dill

Zubereitung:

Die Frühlingszwiebeln putzen, waschen und in dünne Ringe schneiden. Die Knoblauchzehen schälen und fein würfeln. Den Mangold vom Strunk befreien, putzen und waschen. Die Blätter und Stiele getrennt schneiden – die Stiele in etwa 2 x 2 cm große Stücke, die Blätter in Streifen.

In einem Topf 2 EL Olivenöl leicht erhitzen und Frühlingszwiebeln, Knoblauch und Mangoldstiele darin etwa 5 Minuten andünsten. Anschließend Kokosmilch, Koriander, Sternanis, Mangoldblätter und tiefgekühlte Erbsen dazugeben und alles mit geschlossenem Deckel noch etwa 25 Minuten köcheln lassen. Dabei ab und zu umrühren.

Währenddessen den Spinat verlesen, waschen und trocken schleudern. Die Tomaten waschen. Den Feta würfeln. Salz, Pfeffer, 1 Prise Muskatnuss und Tomaten zum Gemüse geben und alles noch etwa 5 Minuten köcheln lassen. Zuletzt Spinat und Feta unterheben. Die Shakshuka auf Tellern anrichten, mit dem Dill garnieren und mit dem übrigen Olivenöl beträufeln.

Einfach gesund essen:

Veganer Feta kann mit dem Original aus Schafsmilch ohne Weiteres mithalten. Er sieht ihm nicht nur sehr ähnlich, sondern schmeckt auch genauso würzig. Grundlage für die pflanzliche Variante ist meist Kokosöl oder marinierter Tofu, der reichlich knochengesundes Pflanzeneiweiß liefert.

Brokkoli-Bohnen-Suppe mit flambiertem Camembert

Für 4 Personen | Zubereitung: 30 Minuten
Nährwerte pro Portion: ca. 445 kcal, 28 g EW, 23 g F, 28 g KH, 459 mg Ca

Zutaten:

1 Schalotte
1 Knoblauchzehe
1 Brokkoli
(ca. 500 g)
1 Glas weiße Bohnen
(220 g Abtropfgewicht)
2 EL Olivenöl
1 EL Gemüsepaste (siehe Tipp)
4 Stiele Estragon
1 Camembert (100 g)
1 EL Dattelsirup
Piment d'Espelette

Zubereitung:

1

Schalotte und Knoblauch schälen und separat fein würfeln. Brokkoli putzen, waschen und in Röschen teilen. Die Bohnen in einem Sieb abbrausen.

2

Die Schalotte in einem Topf im Öl andünsten. Knoblauch dazugeben und etwa 1 Minute mitdünsten. Dann Brokkoli, Bohnen, Paste sowie ½ l Wasser hinzufügen.

3

Alles mit geschlossenem Deckel etwa 20 Minuten köcheln lassen. Den Estragon dazugeben und alles im Topf mit dem Stabmixer fein pürieren.

4

Käse in dicke Scheiben schneiden, mit Sirup bestreichen und mit dem Flambierbrenner bräunen. Mit der Suppe auf Schalen verteilen, mit Piment würzen.

Tipp:
Nach Belieben können Sie die Suppe mit gerösteten Pistazienkernen und Dill oder Schnittlauch garnieren. Wer den Camembert nicht flambieren möchte, kann ihn auch unter dem Backofengrill bei 200 °C etwa 5 Minuten übergrillen.

Übrigens: Eines meiner Lieblingsprodukte in der Küche ist Gemüsepaste für Brühen oder als Aromageber. Die Paste enthält im Gegensatz zu Brühpulver reichlich Gemüse, man kann sie auch selbst machen und für den Vorrat einfrieren.

Cremige Maissuppe mit Fenchel und Kokosmilch

Für 4 Personen | Zubereitung: 40 Minuten
Nährwerte pro Portion: ca. 430 kcal, 8 g EW, 28 g F, 33 g KH, 70 mg Ca

Zutaten:

1 Schalotte
1 Fenchelknolle
3 Frühlingszwiebeln
1 Knoblauchzehe
300 g mehligkochende Kartoffeln
500 g Mais (aus dem Glas)
2 EL Rapsöl
1 ½ TL Salz
2 EL veganer Balsamico bianco
300 ml Kokosmilch
1 TL Gemüsebrühe
1 EL Estragonblätter
100 g Cocktailtomaten
3 Radieschen
1 TL Olivenöl
4 TL pflanzliche Crème-fraîche-Alternative auf Sojabasis
1 EL gehackter Dill und Fenchelgrün

Zubereitung:

Die Schalotte schälen und fein würfeln. Den Fenchel putzen, waschen, halbieren und den harten Strunk entfernen, die Hälften in Streifen schneiden. Die Frühlingszwiebeln putzen und waschen, das Weiße in Streifen, das Grüne in dünne Ringe schneiden. Den Knoblauch schälen und grob würfeln. Die Kartoffeln schälen, waschen und in grobe Stücke schneiden. Den Mais in einem Sieb abbrausen und abtropfen lassen.

Das Rapsöl in einem Topf erhitzen und Schalotte, Fenchel und das Weiße der Frühlingszwiebeln darin mindestens 5 Minuten andünsten. Knoblauch, Kartoffeln und Mais dazugeben und alles einige Minuten mitdünsten. Mit Salz würzen, umrühren und mit Essig ablöschen.

400 ml Wasser, Kokosmilch und Brühe dazugeben und alles mit geschlossenem Deckel etwa 20 Minuten köcheln lassen, dabei ab und zu umrühren. Anschließend den Estragon dazugeben und alles im Topf mit dem Stabmixer fein pürieren.

Währenddessen die Tomaten waschen und vierteln. Die Radieschen putzen, waschen und auf der Gemüsereibe in feine Scheiben hobeln. Zum Servieren die Maissuppe auf tiefe Teller oder Schalen verteilen und mit Frühlingszwiebelringen, Tomaten und Radieschen sowie je 1 Spritzer Olivenöl und 1 TL Crème fraîche garnieren. Mit Dill und Fenchelgrün bestreuen.

Gebackener Räuchertofu mit Wildkräutern und Dill-Senf-Dip

Für 2 Personen | Zubereitung: 20 Minuten
Nährwerte pro Portion: ca. 710 kcal, 34 g EW, 49 g F, 31 g KH, 409 mg Ca

Zutaten:

400 g geräucherter Tofu
50 g Speisestärke
3 EL Rapsöl
100 g Wildkräutersalat
3 EL Olivenöl
50 g pflanzliche Crème-fraîche-Alternative auf Sojabasis
1 TL grober Bauernsenf
abgeriebene Schale und Saft von ½ Bio-Limette
2 EL gehackter Dill
¼ TL Agavendicksaft
¼ TL Salz
Pfeffer aus der Mühle
Saft ½ Bio-Zitrone

Zubereitung:

Den Tofu in grobe Würfel schneiden, trocken tupfen und rundum in der Stärke wälzen. Das Rapsöl in einer beschichteten Pfanne erhitzen und den Tofu darin bei mittlerer Hitze knusprig braten. Herausnehmen und beiseitestellen.

Die Wildkräuter verlesen, waschen und trocken schleudern. Für den Dip 2 EL Olivenöl, Créme fraîche, Senf, Limettenschale und -saft, Dill, Agavendicksaft, Salz und 1 Prise Pfeffer mischen. In eine kleine Schüssel füllen.

Zum Servieren die Wildkräuter in tiefen Tellern anrichten und mit dem übrigen Olivenöl und dem Zitronensaft beträufeln. Den krossen Tofu daraufsetzen, den Dill-Senf-Dip dazu reichen.

Einfach gesund essen:

Wildkräuter sind unserem Kulturgemüse in Sachen wertvoller Inhaltsstoffe ganz klar überlegen. Das darin enthaltene Chlorophyll ist eines der besten Mittel zur Blutbildung und zur Stärkung des Immunsystems. Aber auch solo punkten die „Unkräuter“: Brennnesseln beispielweise liefern doppelt so viel Kalzium wie das Superfood Grünkohl und die kleine Vogelmiere doppelt so viel Eisen wie Spinat.

Cranberry-Kraut-Strudel mit Estragon-Senf-Sauce

Für 4 Personen | Zubereitung: 45 Minuten | Backen: 30–35 Minuten
Nährwerte pro Portion: ca. 510 kcal, 11 g EW, 27 g F, 53 g KH, 80 mg Ca

Zutaten:

1 kleiner Weißkohl (ca. 800 g)
3 Schalotten
5 EL Olivenöl
1 TL brauner Zucker
2 EL getr. Cranberrys
¼ TL ganzer Kümmel
3 Lorbeerblätter, 2 Nelken, 3 Wacholderbeeren, 4 Pfefferkörner für das Gewürzsäckchen
Salz
150 g pflanzliche Crème-fraîche-Alternative auf Sojabasis
abgeriebene Schale und Saft von 1 Bio-Zitrone
1 TL gemahlener Koriander
1 Rolle Filoteigblätter (aus dem Kühlregal; ca. 250 g)
2 EL helle Sesamsamen
1 TL grober Bauernsenf
1 EL veganer Balsamico bianco
¼ TL Dattelsirup
1 EL gehackter Estragon
Pfeffer aus der Mühle

Zubereitung:

Den Backofen auf 170 °C Umluft vorheizen. Ein Backblech mit Backpapier belegen. Vom Kohl die äußeren Blätter entfernen, den Kohl vierteln und den harten Strunk entfernen. Den Kohl in feine Streifen schneiden. Schalotten schälen und fein würfeln. In einem Topf 2 EL Olivenöl erhitzen, den Zucker darüberstreuen und leicht karamellisieren. Schalotten und Cranberrys dazugeben und mitdünsten. Kohl, Kümmel und Gewürzsäckchen hinzufügen und alles mit geschlossenem Deckel bei schwacher Hitze etwa 25 Minuten dünsten. Dabei ab und zu umrühren. Anschließend 1 EL Salz und 100 g Crème fraîche unterrühren, alles mit der Hälfte der Zitronenschale und mit dem Koriander abschmecken. Das Kraut in einem Sieb abtropfen und abkühlen lassen, Gewürzsäckchen wieder entfernen.

Die Hälfte der Filoteigblätter abnehmen, jede Lage einzeln mit etwas Olivenöl bestreichen und aufeinanderlegen. Die Hälfte der Füllung daraufgeben, den Strudel fest aufrollen, mit Olivenöl bestreichen und mit Sesam bestreuen, dann auf das Blech legen. Aus dem Rest einen zweiten Strudel formen.
Im Ofen auf der mittleren Schiene 30 bis 35 Minuten backen.

Inzwischen für die Sauce das übrige Olivenöl mit Senf und Essig mit einem Schneebesen cremig schlagen. Übrige Zitronenschale und -saft, Dattelsirup und Estragon dazugeben und alles mit Salz, 1 Prise Pfeffer und restlicher Crème fraîche mischen. Zum Servieren die Strudel aus dem Ofen nehmen, auf Teller setzen und mit Sauce beträufeln. Nach Belieben 200 g eingelegte Artischockenherzen dazu reichen, mit Dill garnieren.

Sommerrollen mit Brokkolirohkost und Mango-Brennnessel-Dip

Für 8–10 Stück | Zubereitung: 30 Minuten
Nährwerte pro Stück (bei 9) : ca. 135 kcal, 4 g EW, 4 g F, 19 g KH, 56 mg Ca

Zutaten:

1 Brokkoli (ca. 500 g)
4 getr. Feigen
½ säuerlicher Apfel
2 EL gehackter Dill
abgeriebene Schale und Saft von ½ Bio-Zitrone
¼ TL getr. Koriander
30 g geröstete Sonnenblumenkerne
1½ EL Olivenöl
2 TL Salz
Pfeffer aus der Mühle
½ Mango (ca. 200 g)
5 Brennnesselblätter
¼ TL Piment d'Espelette
1 TL Erdnussbutter
30 ml Kokosmilch
1 kleines Stück Bio-Kurkuma (mit Schale)
1 kleine Bauerngurke
1 Handvoll Rucola
8–10 Reispapierblätter

Zubereitung:

Für die Füllung den Brokkoli putzen, waschen und in Röschen teilen, den Strunk schälen und alles in einem leistungsfähigen Standmixer zu etwa reiskornkleinen Raspeln verarbeiten. Die Feigen ebenfalls im Standmixer zerkleinern und unter den Brokkoli mischen. Den Apfel waschen, entkernen, in kleine Stücke schneiden und zum Brokkoli geben. Alles mit Dill, Zitronenschale und -saft, Koriander, Sonnenblumenkernen, Olivenöl, 1 TL Salz und 1 Prise Pfeffer mischen, nochmals abschmecken.

Für den Dip die Mango putzen und schälen. Die Brennnesseln waschen und trocken tupfen. Beides mit Piment d'Espelette, Erdnussbutter, Kokosmilch, Kurkuma und übrigem Salz in einen hohen Rührbecher geben und mit dem Stabmixer fein pürieren. Den Dip abschmecken und in eine kleine Schüssel füllen.

Die Gurke putzen, waschen und längs in 8 bis 10 Schnitze schneiden. Rucola verlesen, waschen und trocken schleudern. Ein sauberes Küchentuch befeuchten und auf der Arbeitsfläche ausbreiten. Jeweils 1 Reispapier kurz in einer großen flachen Schale in kaltem Wasser einweichen, auf das Küchentuch legen und flach streichen. Das Reispapier sollte weich und leicht klebrig sein.

Jeweils etwas Rucola und Brokkoli-Feigen-Mix daraufgeben und 1 Gurkenschnitz dazulegen. Die Seiten des Reispapiers links und rechts einklappen und das Papier möglichst straff aufrollen. Auf diese Weise 8 bis 10 Sommerrollen herstellen. Auf einem Teller anrichten und mit dem Dip genießen.

Tomatensalat mit Pfirsich

Für 2 Personen | Zubereitung: 25 Minuten
Nährwerte pro Portion: ca. 330 kcal, 10 g EW, 22 g F, 20 g KH, 120 mg Ca

Zutaten:

3 Ochsenherztomaten
1 Pfirsich
Saft von 1 Zitrone
3 ½ EL Olivenöl
¼ TL grober Bauernsenf
Salz
Pfeffer aus der Mühle
¼ TL Mohnsamen
1 Spritzer Agavendicksaft
100 g tiefgekühlte Edamamekerne
200 g grüner Mini-Spargel (ersatzweise grüne Bohnen oder Zuckerschoten)
Salzflocken

Zubereitung:

Die Tomaten waschen und quer in Scheiben schneiden, dabei die Stielansätze entfernen. Den Pfirsich waschen, halbieren, entkernen und in Spalten schneiden. Für das Dressing Zitronensaft, 2 EL Olivenöl, Senf, Salz, 1 Prise Pfeffer, Mohn und Agavendicksaft verrühren. In einem Topf ½ l Wasser aufkochen, salzen und die Edamame darin etwa 5 Minuten bissfest garen. Danach abschrecken und die Kerne aus den Hülsen drücken.

Spargel waschen und holzige Enden abschneiden, Stangen in einer Pfanne in 1 EL Olivenöl 2 bis 3 Minuten garen. Mit 1 Prise Salzflocken bestreuen. Zum Servieren Tomaten und Pfirsich auf Tellern anrichten, einige Edamame darauf verteilen und mit Dressing beträufeln. Den Spargel und die restlichen Edamame dazulegen und alles mit dem übrigen Olivenöl beträufeln. Nach Belieben mit Salzflocken und Mini-Basilikum garnieren.

Paprikasalat mit Seetang

Für 2 Personen | Zubereitung: 15 Minuten
Nährwerte pro Portion: ca. 350 kcal, 7 g EW, 18 g F, 34 g KH, 540 mg Ca

Zubereitung:

Den Seetang nach Packungsanweisung in Salzwasser bissfest garen oder quellen lassen. Anschließend in ein Sieb abgießen und gut abtropfen lassen. Die Paprika halbieren, entkernen, waschen und in Streifen schneiden. Ingwer schälen und fein reiben. Chili halbieren, entkernen, waschen und fein hacken.

Essig, Öl, Dattelsirup, Sojasauce, Limettenschale und -saft in einer Schüssel mischen. Ingwer und Chili unter das Dressing rühren. Den Seetang mit der Paprika mischen und das Dressing darübergeben. Den Salat auf Schalen verteilen und nach Belieben mit Salzflocken und geröstetem hellem Sesam bestreuen.

Zutaten:

100 g getr. Seetang (= 500 g gegarter Seetang; aus dem Supermarkt oder Onlinehandel)
Salz
1 grüne Paprikaschote
1 haselnussgroßes Stück Bio-Ingwer (5 g)
1 kleine Chilischote
80 ml veganer Asia-Essig
30 ml Sesamöl
1 EL Dattelsirup
1 EL salzreduzierte Sojasauce
abgeriebene Schale und Saft von 1 Bio-Limette

Romana mit krossen Süßkartoffeln und Sauerrahm-Brennnessel-Dip

Für 2 Personen | Zubereitung: 45 Minuten
Nährwerte pro Portion: ca. 885 kcal, 20 g EW, 41 g F, 102 g KH, 172 mg Ca

Zutaten:

1 große Süßkartoffel
100 g kernige Haferflocken
1 Ei
1 TL Madras-Currypulver
Salz
100 g Mehl
3 EL Rapsöl
6 Brennnesselblätter
2 EL Mangopüree
(selbst gemacht oder Fertigprodukt)
100 g saure Sahne
Pfeffer aus der Mühle
2 Romanasalatherzen
2 EL Olivenöl

Zubereitung:

Die Süßkartoffel schälen, waschen und längs in grobe Spalten schneiden. Die Spalten in einem Dämpfeinsatz über kochendem Wasser je nach Dicke etwa 10 Minuten leicht bissfest dämpfen, danach abkühlen lassen.

Inzwischen 60 g Haferflocken in einem leistungsfähigen Standmixer zu grobem Mehl mahlen. Das Ei in einem tiefen Teller mit 2 EL Wasser verquirlen und mit Currypulver und ⅔ TL Salz würzen. Die gemahlenen Haferflocken mit den übrigen Flocken in einem tiefen Teller mischen. Das Mehl ebenfalls in einen Teller geben. Die Süßkartoffelspalten erst rundum leicht bemehlen, dann durch die Eimischung ziehen und zuletzt im Haferflocken-Mix panieren.

Das Rapsöl in einer beschichteten Pfanne erhitzen und die Süßkartoffelspalten darin auf beiden Seiten knusprig backen. Herausnehmen und auf Küchenpapier abtropfen lassen.

Für den Dip die Brennnesselblätter waschen und trocken tupfen, mit dem Mangopüree im Standmixer fein pürieren, in eine kleine Schüssel füllen. Den Sauerrahm unterrühren und den Dip mit Salz und 1 Prise Pfeffer abschmecken.

Die Salatherzen putzen, waschen und trocken schütteln, dann jeweils halbieren. Das Olivenöl in einer beschichteten Pfanne erhitzen und die Salathälften darin kurz andünsten. Etwas salzen. Zum Servieren die Süßkartoffelspalten und Romanaherzen auf Teller verteilen und den Dip dazu reichen.

Grünkohl-Kürbis-Bowl mit Bulgur und Algenöl

Für 2 Personen | Zubereitung: 25 Minuten | Garen: 25 Minuten
Nährwerte pro Portion: ca. 715 kcal, 18 g EW, 34 g F, 72 g KH, 284 mg Ca

Zutaten:

1 kleiner Hokkaidokürbis (ca. 750 g)
1 TL Madras-Currypulver
5 EL Olivenöl
150 g Bulgur
Salz
300 g Grünkohl
abgeriebene Schale und Saft von 1 Bio-Zitrone
2 EL veganer Apfelessig
Pfeffer aus der Mühle
2 EL Kürbiskerne, geröstet
1 TL Algenöl (aus Bioladen oder Reformhaus)

Zubereitung:

Den Backofen auf 200 °C (Umluft) vorheizen. Ein Backblech mit Backpapier belegen. Den Kürbis waschen, halbieren und die Kerne mit einem Löffel herauskratzen. Die Kürbishälften auf das Blech legen, mit Currypulver bestreuen und mit 2 EL Olivenöl beträufeln. Dann im Ofen auf der mittleren Schiene etwa 25 Minuten weich garen.

Währenddessen den Bulgur in einem Topf in 300 ml Salzwasser aufkochen und mit geschlossenem Deckel etwa 12 Minuten weich garen. Anschließend mit einer Gabel lockern und offen auf der ausgeschalteten Herdplatte ausdampfen lassen.

Inzwischen den Grünkohl putzen, waschen und vierteln, den harten Strunk entfernen. Das Blattgrün des Grünkohls jeweils in einem Rutsch vom Stängel ziehen. Die Blätter trocken schleudern, mit 1 TL Salz in einer Schüssel mischen und mindestens 3 Minuten kneten, bis der Kohl weicher wird und sich sein Volumen in etwa halbiert hat. Das übrige Olivenöl, Zitronenschale und -saft, Essig und 1 Prise Pfeffer darübergeben und alles gut mischen.

Zum Servieren den Bulgur unter den Grünkohl mischen und den Salat auf Schalen (Bowls) verteilen. Den Kürbis aus dem Ofen nehmen, in Spalten schneiden und auf den Salat setzen. Jede Bowl mit 1 EL Kürbiskernen und ½ TL Algenöl garnieren.

Gerösteter Rosenkohl mit Haselnüssen und Kimchi

Für 2 Personen | Zubereitung: 10 Minuten | Garen: 25 Minuten
Nährwerte pro Portion: ca. 475 kcal, 17 g EW, 36 g F, 12 g KH, 129 mg Ca

Zutaten:

600 g tiefgekühlter Rosenkohl (aufgetaut)
3 EL Olivenöl
1 Knoblauchzehe
3 EL Haselnusskerne
2 EL Haselnussöl
½ TL Salz
Saft von ¼ Limette
3 EL Kimchi (aus Bioladen oder Asiashop)

Zubereitung:

1
Backofen auf 200 °C (Umluft) vorheizen. Den Rosenkohl in einer Auflaufform mit Olivenöl mischen. Im Ofen auf der mittleren Schiene etwa 25 Minuten garen.

2
Herausnehmen, in eine Schüssel füllen und sofort die geschälte Knoblauchzehe auf den noch heißen Rosenkohl pressen. Umrühren und abkühlen lassen.

3
Inzwischen die Nüsse (am besten geröstet und geschält) grob hacken. Mit dem Nussöl unter den Rosenkohl heben, mit Salz und Limettensaft würzen.

4

Zum Servieren den Rosenkohl auf tiefe Teller oder Schalen verteilen und den Kimchi dazu reichen.

Einfach gesund essen:

Haselnusskerne gelten als gute Quelle für das Knochenmineral Kalzium (siehe Seite 42). Gleichzeitig liefern sie reichlich Vitamin E und Vitamin B6 sowie das essenzielle Spurenelement Mangan.

Am besten rösten und schälen Sie die Haselnüsse noch, bevor Sie sie hacken: Dazu die Nüsse in einer beschichteten Pfanne ohne Fett hell rösten, herausnehmen und abkühlen lassen. Dann die Nüsse in einem Küchentuch aneinanderreiben, sodass sich die Haut ablöst. Die Haut entfernen.

Bohnen-Mais-Salat mit Rucola und Tahin

Für 2 Personen | Zubereitung: 15 Minuten
Nährwerte pro Portion: ca. 390 kcal, 18 g EW, 20 g F, 32 g KH, 215 mg Ca

Zutaten:

200 g weiße Riesenbohnen (aus dem Glas)
140 g Mais (aus dem Glas)
1 Handvoll Rucola
2 EL Petersilienblätter
50 g pflanzliche Joghurt-Alternative auf Sojabasis
40 g Tahin (Sesampaste)
2 EL veganer Apfelessig
1 TL grober Bauernsenf
1 EL Olivenöl
abgeriebene Schale und Saft von ¼ Bio-Zitrone
¼ TL Salz
Pfeffer aus der Mühle
1 EL helle Sesamsamen
½ TL Piment d'Espelette

Zubereitung:

Die Bohnen und den Mais in einem Sieb abbrausen und abtropfen lassen. Den Rucola verlesen, waschen und trocken schleudern, dabei grobe Stiele entfernen. Die Petersilie waschen, trocken tupfen und fein hacken.

Für das Dressing Joghurt, Tahin, Essig, Senf, Olivenöl, Zitronenschale und -saft in einer Salatschüssel glatt verrühren. Mit Salz und 1 Prise Pfeffer abschmecken. Bohnen und Mais dazugeben und untermischen, zuletzt Petersilie und Rucola unterheben.

Den Sesam in einer beschichteten Pfanne ohne Fett hell anrösten, herausnehmen und abkühlen lassen.

Zum Servieren den Salat auf tiefe Teller oder Schalen verteilen und mit Sesam und Piment d'Espelette bestreuen.

Einfach gesund essen:

Ungeschälte Sesamsamen sind reich an Vitamin B1 sowie den Mineralstoffen Zink, Magnesium, Eisen und Kalzium (siehe Seite 43). Die hellen Körnchen gehören in jede Knochenfit-Küche: Sie lassen sich super über Salat oder Suppen streuen und bilden auch die Basis für Tahin, die feine Paste, die traditionell in der arabischen und asiatischen Küche zu finden ist. Sie schmeckt leicht bitter und nussig und passt zu Hülsenfrüchten, Joghurt oder süßem Obst.

Überbackene Portobello-Pilze mit Grünkohl-Feta-Füllung

Für 2 Personen | Zubereitung: 20 Minuten | Garen: 15 Minuten
Nährwerte pro Portion: ca. 385 kcal, 18 g EW, 27 g F, 12 g KH, 350 mg Ca

Zutaten:

8 Portobello-Pilze (ersatzweise große Champignons)
1 kleine Schalotte
2 kleine Knoblauchzehen
1 EL Rapsöl
1 TL helle Miso-Paste
300 g tiefgekühlter Grünkohl (aufgetaut)
2 EL gehackter Dill
100 g pflanzliche Feta-Alternative
2 TL Olivenöl
Salz

Zubereitung:

Den Backofen auf 200 °C (Umluft) vorheizen. Ein Backblech mit Backpapier belegen. Die Pilze putzen und, falls nötig, trocken abreiben. Die Stiele fein hacken, Lamellen vorsichtig ablösen. Schalotte und Knoblauch schälen, fein würfeln und in einer Pfanne im Rapsöl andünsten. Miso, Pilzstiele und -lamellen dazugeben und etwa 5 Minuten mitdünsten.

Den aufgetauten Grünkohl samt Dill hinzufügen und alles noch etwa 5 Minuten garen. Den Feta dazubröseln und alles gut mischen. Die Pilzhüte mit der Öffnung nach oben nebeneinander auf das Blech setzen und mit dem Grünkohl-Mix füllen. Jeden Pilz mit etwas Olivenöl beträufeln und mit Salz bestreuen.

Die Pilze im Ofen auf der mittleren Schiene etwa 15 Minuten garen. Herausnehmen und zum Servieren nach Belieben mit Sonnenblumenkernen bestreuen.

Einfach gesund essen:

Grünkohl ist ein erstklassiger Kalziumlieferant (siehe Seite 43). Zudem enthält das Wintergemüse reichlich Vitamin C und Vitamin K. Alternativ können Sie in der Saison auch zu frischem Grünkohl greifen, man benötigt dann etwa 600 g. Diesen vorher putzen, in mundgerechte Stücke zupfen und blanchieren. Eiskalt abschrecken und abtropfen lassen. Dann in einer Pfanne in 2 EL Rapsöl etwa 10 Minuten unter Rühren dünsten.

Kalbsleber auf Polenta mit Thymian-Shiitake

Für 2 Personen | Zubereitung: 45 Minuten
Nährwerte pro Portion: ca. 465 kcal, 22 g EW, 31 g F, 28 g KH, 22 mg Ca

Zutaten:

100 g Polenta (Maisgrieß)
2 TL Salz
1 EL Butter
250 g Kalbsleber (küchenfertig geputzt)
Mehl zum Bestäuben
2 EL Rapsöl
1 kleine Knoblauchzehe
3 Zweige Thymian
100 g Shiitakepilze
1 EL Olivenöl
Pfeffer aus der Mühle
100 g Pflanzensahne

Zubereitung:

In einem Topf 400 ml Wasser aufkochen, die Polenta unter Rühren einrieseln lassen und aufkochen, salzen. Dann bei schwacher Hitze noch 15 bis 20 Minuten cremig köcheln lassen, dabei ab und zu umrühren. Zuletzt die Butter einrühren und die Polenta nochmals mit Salz abschmecken. Sollte sie zu fest sein, etwas Flüssigkeit (z. B. ungesüßten Sojadrink) unterrühren. Warm halten.

Währenddessen die Kalbsleber waschen und trocken tupfen. Einen Teller dünn mit Mehl bestäuben und die Kalbsleber im Mehl auf jeder Seite wenden, aber nicht andrücken. Das Rapsöl in einer beschichteten Pfanne erhitzen und die Kalbsleber darin bei mittlerer Hitze auf jeder Seite goldbraun braten. Herausnehmen und abgedeckt beiseitestellen.

Den Knoblauch schälen und mit einem Messerrücken andrücken. Den Thymian waschen und trocken tupfen. Die Shiitake putzen, falls nötig, trocken abreiben und in Stücke schneiden. Das Olivenöl in der noch heißen Pfanne von der Kalbsleber erhitzen und Knoblauch und Thymian darin kurz schwenken. Die Pilze dazugeben und kurz anrösten, mit Salz und 1 Prise Pfeffer würzen. Zuletzt die Sahne dazugießen und umrühren.

Zum Servieren die Polenta auf tiefe Teller verteilen. Die Pilze und die Kalbsleber daraufsetzen und mit Pfeffer bestreuen.

Tofu-Currywurst mit Aprikosenketchup

Für 2 Personen | Zubereitung: 35 Minuten
Nährwerte pro Portion: ca. 625 kcal, 27 g EW, 38 g F, 38 g KH, 75 mg Ca

Zutaten:

1 Schalotte
1 Knoblauchzehe
1 TL Olivenöl
1 EL Tomatenmark
100 ml Apfelsaft
1 EL veganer Balsamico bianco
250 g Aprikosen
250 g reife Tomaten
100 g getr. Tomaten
3 Zweige Rosmarin
1 TL Dattelsüße
½ TL Salz
4 Tofu-Wiener-Würste (ca. 300 g)
1 EL Rapsöl
¼ TL Madras-Currypulver

Zubereitung:

Schalotte und Knoblauch schälen und fein würfeln. In einem Topf das Olivenöl erhitzen und Schalotte und Knoblauch darin mit dem Tomatenmark andünsten. Mit Apfelsaft und Essig ablöschen und alles kurz einkochen lassen.

Die Aprikosen waschen, vierteln und entkernen. Die frischen Tomaten waschen und in Stücke schneiden, dabei die Stielansätze entfernen. Die Trockentomaten grob würfeln.

Aprikosen, Tomaten, Trockentomaten, Rosmarinzweige, Dattelsüße und Salz zum Ansatz geben und alles offen bei mittlerer Hitze etwa 30 Minuten köcheln lassen, dabei ab und zu umrühren. Anschließend die Rosmarinzweige entfernen und das Ketchup im Topf mit dem Stabmixer fein pürieren.

Die Würste in einer Pfanne im Rapsöl rundum goldbraun braten, nach Belieben schräg in Stücke schneiden und auf Tellern anrichten. Mit Curry bestreuen und das Ketchup dazu reichen.

Einfach gesund essen:

Aprikosen haben von Mai bis Dezember Saison. Die Sonnenfrüchte sind reich an Kalium, Eisen, Provitamin A, einigen B-Vitaminen, Kalzium und Phosphor und gehören damit zu den gesündesten Obstsorten überhaupt. Noch intensiver in ihrer Gesundheitswirkung sind die Früchte getrocknet. Dabei potenziert sich ihr Wirkstoffgehalt bis auf das Fünffache.

Rote-Linsen-Waffeln mit Gemüsesalat und Fetadip

Für 3–4 Personen | Zubereitung: 25 Minuten
Nährwerte pro Portion (bei 4): ca. 505 kcal, 23 g EW, 20 g F, 55 g KH, 21 mg Ca

Zutaten:

300 g Rote Linsen (ersatzweise fertiges Rote-Linsen-Mehl)
370 ml ungesüßter Haferdrink
3 EL Olivenöl
1 kleine Knoblauchzehe, geschält
1 TL Ras el Hanout (arab. Gewürzmischung)
½ TL Salz
½ TL Weinsteinbackpulver
1 TL Erdnussöl
75 g pflanzliche Frischkäse-Alternative auf Sojabasis
50 g pflanzliche Feta-Alternative
abgeriebene Schale und Saft von 1 Bio-Zitrone
¼ TL gemahlener Koriander
½ TL gemahlener Kreuzkümmel
1 EL Schnittlauchröllchen
1 Handvoll Rucola
1 Bauerngurke
5 Cocktailtomaten

Zubereitung:

Die Linsen in einem leistungsfähigen Standmixer fein mahlen. Dann Haferdrink, 2 EL Olivenöl, Knoblauch, Ras el Hanout, Salz und Weinsteinbackpulver dazugeben und alles zu einer gleichmäßigen Masse pürieren. Das Waffeleisen auf höchste Stufe erhitzen und leicht mit Erdnussöl einfetten. Die Hälfte der Masse hineingeben und auf höchster Stufe etwa 5 Minuten backen. Die Waffeln herausnehmen und abkühlen lassen. Die restliche Masse auf die gleiche Weise zu Waffeln backen.

Für den Dip inzwischen Frischkäse und zerbröselten Feta in einer Rührschüssel mit den Quirlen des Handrührgeräts kurz luftig aufschlagen. Die Hälfte von Zitronenschale und -saft, den Koriander, Kreuzkümmel und Schnittlauch unterziehen.

Für den Salat den Rucola verlesen, waschen und trocken schleudern. Gurke putzen, waschen und auf der Gemüsereibe fein hobeln. Tomaten waschen und halbieren. Alles in einer Schüssel mit übrigem Olivenöl, restlicher Zitronenschale und 1 Spritzer Zitronensaft mischen. Zum Servieren die Waffeln mit Salat und Dip anrichten.

Einfach gesund essen:

Rote Linsen liefern reichlich Pflanzeneiweiß und versorgen die Knochen mit dem Baustoff Magnesium. Ihr Vorteil in der Küche: Sie garen schnell und sind ideal für feine Pürees, Saucen und Brotaufstriche.

Krosse Kichererbsen mit Reisnudeln und Peperoni

Für 2 Personen | Zubereitung: 20 Minuten | Garen: 15–20 Minuten
Nährwerte pro Portion: ca. 630 kcal, 22 g EW, 29 g F, 63 g KH, 229 mg Ca

Zutaten:

100 g Hartweizennudeln in Reisform (Risoni)
Salz
320 g Kichererbsen (aus dem Glas)
1 TL Madras-Currypulver
2 EL Olivenöl
3 TL helle Sesamsamen
1 grüne Peperonischote
1 EL Traubenkernöl
abgeriebene Schale und Saft von 1 Bio-Limette

Zubereitung:

Den Backofen auf 180 °C vorheizen. Die Pasta in reichlich kochendem Salzwasser nach Packungsanweisung bissfest garen. In ein Sieb abgießen und abkühlen lassen. Inzwischen die Kichererbsen in einem Sieb abbrausen und abtropfen lassen. Dann in einer Auflaufform mit Curry, Olivenöl, Sesam und ½ TL Salz mischen und im Ofen auf der mittleren Schiene 15 bis 20 Minuten garen.

Währenddessen die Peperoni putzen, waschen und schräg in dünne Ringe schneiden. Die Kichererbsen aus dem Ofen nehmen, mit der Pasta, Traubenkernöl, Limettenschale und -saft mischen. Zum Servieren den Kichererbsen-Nudel-Mix auf Teller verteilen und mit den Peperoniringen garnieren.

Marinierter Räuchertofu mit Miso-Paste und Pak Choi

Für 2 Personen | Zubereitung: 20 Minuten | Marinieren: 30 Minuten
Nährwerte pro Portion: ca. 370 kcal, 21 g EW, 25 g F, 12 g KH, 340 mg Ca

Zubereitung:

Für die Marinade Schalotte und Knoblauch schälen und separat fein würfeln. 2 EL Sesamöl mit Miso-Paste und Sojasauce mischen, Schalotte und zwei Drittel des Knoblauchs unterrühren. Den Tofu würfeln und 30 Minuten in der Marinade einlegen.

Eine beschichtete Pfanne erhitzen, den Tofu aus der Marinade nehmen, in der Pfanne rundum goldbraun anbraten und herausnehmen. Marinade, Agavendicksaft und Essig in der Pfanne bei mittlerer Hitze etwa 1 Minute einköcheln lassen, dann den Tofu wieder dazugeben. Pak Choi putzen, waschen, halbieren und den harten Strunk entfernen. Mit übrigem Knoblauch in einer weiteren Pfanne im restlichen Sesamöl kurz dünsten. Tofu und Pak Choi auf Teller verteilen, mit Sesam bestreuen.

Zutaten:

1 Schalotte
3 Knoblauchzehen
3 EL kalt gepresstes geröstetes Sesamöl
2 TL helle Miso-Paste
2 TL salzreduzierte Sojasauce
200 g geräucherter Tofu
1 TL Agavendicksaft
1 EL veganer Reisessig oder Balsamico bianco
2 Pak Choi (ca. 500 g)
1 EL helle Sesamsamen, geröstet

Auberginen-Lasagne mit Lupinen-Bolognese

Für 4 Personen | Zubereitung: 1 Stunde 30 Minuten | Garen: 30 Minuten
Nährwerte pro Portion: ca. 230 kcal, 12 g EW, 14 g F, 12 g KH, 35 mg Ca

Zutaten:

1 Schalotte
1 Stange Staudensellerie
1 Möhre
1 EL Rapsöl
1 EL Tomatenmark
125 g (Süß-)Lupinenschrot (aus dem Bioladen)
500 g stückige Tomaten (aus dem Glas)
4 Zweige Thymian
2 Lorbeerblätter
1 TL Gemüsebrühe
¼ TL gemahlener Koriander
abgeriebene Schale von 1 Bio-Zitrone
2 TL Salz
2 Auberginen
Olivenöl zum Beträufeln
100 g pflanzliche Feta-Alternative

Zubereitung:

Die Schalotte schälen und fein würfeln. Sellerie putzen, waschen und in feine Scheiben schneiden oder hobeln. Möhre putzen, schälen und auf der Gemüsereibe grob raspeln.

Das Gemüse in einem Topf im Rapsöl mit dem Tomatenmark etwa 4 Minuten andünsten. Lupinenschrot, Tomaten, ¼ l Wasser, Thymian, Lorbeerblätter und Brühe dazugeben und alles offen bei schwacher bis mittlerer Hitze etwa 50 Minuten köcheln lassen. Anschließend mit Koriander, Zitronenschale und 1 TL Salz abschmecken. Thymian und Lorbeerblätter wieder entfernen. Ein Drittel abnehmen und heiß einwecken oder abgekühlt einfrieren (für die Paprika verwenden, Seite 108).

Währenddessen den Backofen auf 190 °C (Umluft) vorheizen. Ein Backblech mit Backpapier belegen. Die Auberginen putzen, waschen und längs in dünne Scheiben schneiden. Auf einer Platte auslegen, mit dem übrigen Salz einreiben und etwa 10 Minuten ziehen lassen. Danach kalt abbrausen und trocken tupfen. Die Scheiben nebeneinander auf das Blech legen, mit Olivenöl beträufeln und im Ofen auf der mittleren Schiene etwa 10 Minuten garen.

Die Auberginen aus dem Ofen nehmen (den Ofen nicht ausschalten!) und abwechselnd mit übriger Lupinen-Bolognese in eine Auflaufform schichten. Den Feta darüberkrümeln und die Lasagne im Ofen auf der mittleren Schiene etwa 20 Minuten garen. Herausnehmen und vor dem Servieren kurz abkühlen lassen, nach Belieben mit gehackter Petersilie garnieren.

Gefüllte Paprika

Für 2 Personen | Zubereitung: 10 Minuten | Garen: 25 Minuten
Nährwerte pro Portion: ca. 220 kcal, 16 g EW, 8 g F, 14 g KH, 53 mg Ca

Zutaten:

2 rote Spitzpaprikaschoten
1 TL Olivenöl
400 g Lupinen-Bolognese (von der Auberginen-Lasagne; siehe Seite 106)
1 kleine rote Zwiebel
1 grüne Peperonischote
2 EL gehackte Petersilie

Zubereitung:

Den Backofen auf 200 °C (Umluft) vorheizen. Ein Backblech mit Backpapier belegen. Die Paprika längs halbieren, die Kerne entfernen und die Hälften waschen. Auf das Blech legen, innen mit Olivenöl beträufeln und mit der Lupinen-Bolognese füllen. Im Ofen auf der mittleren Schiene etwa 25 Minuten garen.

Inzwischen die Zwiebel schälen und in dünne Ringe schneiden oder hobeln. Peperoni putzen, waschen und schräg in dünne Ringe schneiden.

Zum Servieren die gefüllten Paprikahälften aus dem Ofen nehmen und auf Teller verteilen. Mit Zwiebelringen, Peperoni und Petersilie garnieren.

Einfach gesund essen:

Die heimischen Süßlupinen zählen wie Linsen, Kichererbsen oder Sojabohnen zu den Hülsenfrüchten und haben auch ähnliche „innere“ Werte. Sie liefern viele Ballaststoffe und sind reich an Mineralstoffen. Besonders beachtlich ist ihr Kalziumanteil, der locker mit dem von Milch mithalten kann. Praktisch in der Küche ist Lupinenschrot, das sich für Bratlinge und als Fleisch- oder Sojaersatz in der Bolognese gut eignet.

Kichererbsen-Erbsenprotein-Pflanzerl mit Shiitake und Kimchi

Für 2 Personen | Zubereitung: 30 Minuten | Garen: 10 Minuten
Nährwerte pro Portion: ca. 695 kcal, 67 g EW, 27 g F, 45 g KH, 38 mg Ca

Zutaten:

200 g Erbsenprotein-Schnetzel (aus dem Supermarkt oder Onlinehandel)
100 g Kichererbsen (aus dem Glas)
160 g Shiitakepilze
1 EL Olivenöl
2 TL helle Miso-Paste
1 TL Salz
1 TL Hefeflocken
½ TL gemahlener Koriander
½ TL gemahlener Kreuzkümmel
¼ TL geräuchertes Paprikapulver
½ TL Zwiebelpulver
¼ TL Knoblauchpulver
2 EL Rapsöl
1 EL vegane Margarine
200 g Kimchi (aus Bioladen oder Asiashop; ersatzweise frisches Sauerkraut)

Zubereitung:

Den Backofen auf 150 °C (Umluft) vorheizen. Ein Backblech mit Backpapier belegen.

In einem Topf 1 l Wasser aufkochen und das Erbsengeschnetzelte darin nach Packungsanweisung etwa 10 Minuten ziehen lassen. Anschließend in ein Sieb abgießen, abtropfen und etwas abkühlen lassen. Inzwischen die Kichererbsen in einem Sieb abbrausen und abtropfen lassen. Die Pilze putzen und, falls nötig, trocken abreiben.

Kichererbsen und 100 g Pilze mit Olivenöl, Miso-Paste, Salz, Hefeflocken und Gewürzen in einem leistungsfähigen Standmixer grob häckseln. Das Erbsenprotein fest ausdrücken und ebenfalls in einen leistungsfähigen Standmixer geben. Alles zu einer groben Masse verarbeiten.

Aus der Masse mit leicht angefeuchteten Händen 6 Bratlinge (à ca. 100 g) formen. Das Rapsöl in einer Pfanne erhitzen und die Pflanzerl darin bei mittlerer Hitze 3 bis 5 Minuten auf jeder Seite braten. Herausnehmen und auf das Blech setzen, im Ofen auf der mittleren Schiene noch etwa 10 Minuten fertig garen.

Währenddessen die Margarine in der Pfanne erhitzen und restliche Shiitake darin etwa 3 Minuten schwenken. Zum Servieren die Pflanzerl aus dem Ofen nehmen und auf Teller verteilen. Pilze und Kimchi danebensetzen und alles nach Belieben mit Kresse und grobem Bauernsenf garnieren.

Venere-Reis-Salat mit grünen Bohnen und Kohl

Für 2 Personen | Zubereitung: 45 Minuten
Nährwerte pro Portion: ca. 515 kcal, 11 g EW, 13 g F, 85 g KH, 87 mg Ca

Zutaten:

1 Schalotte
1 EL Rapsöl
200 g schwarzer Reis (z. B. Venere-Reis)
½ TL gemahlener Koriander
Salz
250 g grüne Bohnen
2 TL Olivenöl
½ TL getr. mediterrane Kräutermischung
3 Radieschen
100 g fermentierter Kurkuma-Kohl oder Kimchi (aus dem Bioladen; ersatzweise 1 kleine Handvoll Wildkräutersalat)
1 EL grober Bauernsenf
Pfeffer aus der Mühle

Zubereitung:

Die Schalotte schälen, fein würfeln und in einem Topf im Rapsöl andünsten. Den Reis in einem Sieb gründlich abbrausen und mit dem Koriander zur Schalotte geben, kurz mitdünsten und mit ¾ l heißem Wasser aufgießen. Den Reis mit geschlossenem Deckel bei mittlerer Hitze 30 bis 40 Minuten bissfest garen. Das Wasser soll vollständig einkochen, dabei ab und zu umrühren. Anschließend in ein Sieb abgießen, abkühlen und mit ⅔ TL Salz würzen.

Währenddessen die Bohnen putzen und waschen. In einem Topf in 1 l Salzwasser etwa 12 Minuten bissfest garen. In Eiswasser abschrecken, in ein Sieb abgießen, trocken schütteln und mit 1 TL Olivenöl, Kräuter-Mix und Salz würzen. Die Radieschen putzen, waschen und in dünne Scheiben schneiden.

Zum Servieren den abgekühlten Venere-Reis mit Kohl, Senf und übrigem Olivenöl mischen. Auf Teller verteilen, jeweils mit 1 Prise Pfeffer würzen und mit Bohnen und Radieschen garnieren.

Einfach gesund essen:

Fermentierte Lebensmittel wie Sauerkraut (am besten nicht erhitzt!) oder Kimchi sind reich an Vitamin K, das wichtig für den Knochenstoffwechsel ist. Da wir das Vitamin nicht speichern können, sollten wir es regelmäßig mit unserem Essen zu uns nehmen. Fermentierte Produkte liefern auch reichlich gutes Futter für unsere Darmbakterien (siehe Seite 41).

Geröstetes Sauerteigbrot mit Gouda und Artischockenbutter

Für 2 Personen | Zubereitung: 20 Minuten
Nährwerte pro Portion: ca. 490 kcal, 19 g EW, 25 g F, 41 g KH, 540 mg Ca

Zutaten:

125 g weiche Butter
1 TL helle Miso-Paste
1–2 Artischocken in Öl
je 2 EL gehackter Dill und Thymian sowie Schnittlauchröllchen
abgeriebene Schale von ½ Bio-Zitrone
Pfeffer aus der Mühle
1 kleine Handvoll Rucola
4 Scheiben Sauerteigbrot
100 g Gouda (in Scheiben)
etwas Gartenkresse zum Garnieren

Zubereitung:

1 Butter und Miso mit den Quirlen des Handrührgeräts mixen. Artischocken abtropfen lassen, hacken, mit Kräutern, Zitrusschale und Pfeffer dazugeben.

2 Den Rucola verlesen, waschen und trocken schleudern. 2 Brotscheiben mit je 1 EL Artischockenbutter bestreichen, mit Gouda und Rucola belegen.

3 Die übrigen Brote darauflegen. In einer Pfanne 1 EL Artischockenbutter erhitzen. Die belegten Brote darin so lange kross braten, bis der Käse schmilzt.

4

Zum Servieren die Kresse vom Beet abschneiden, waschen und trocken tupfen. Die Brote auf Teller setzen und mit der Gartenkresse garnieren.

Tipp:
Übrige Artischockenbutter können Sie sehr gut auch anderweitig verwenden, zum Beispiel für die Gnocchi auf Seite 118. Sie lässt sich in einem kleinen Glas luftdicht verschlossen im Kühlschrank 4 bis 5 Tage aufbewahren. Wer ein veganes Produkt möchte, kann die Artischockenbutter mit der gleichen Menge veganer Margarine statt Butter zubereiten.

Grüne-Spargel-Fritters mit Camembert und Salat

Für 2 Personen | Zubereitung: 30 Minuten
Nährwerte pro Portion: ca. 600 kcal, 21 g EW, 38 g F, 40 g KH, 319 mg Ca

Zutaten:

500 g grüner Spargel
80 g Ziegencamembert
2 Knoblauchzehen
2 Frühlingszwiebeln
3 EL Rapsöl
80 g Panko
(asiat. Paniermehl)
1 EL gehackte Petersilie
1 EL Schnittlauchröllchen
1 Ei
Salz
1 Romanasalatherz
Saft von 1 Bio-Zitrone
2 EL Olivenöl
¼ TL grober Bauernsenf
Pfeffer aus der Mühle
1 Tropfen Agavendicksaft

Zubereitung:

Den Spargel waschen und im unteren Drittel schälen, die holzigen Enden abschneiden. Die Stangen in grobe Stücke schneiden und in einem leistungsfähigen Standmixer klein häckseln. Die Spargelraspel in einem Passiertuch oder in einem sauberen Küchentuch mehrmals ordentlich auspressen, damit möglichst viel Wasser entweicht.

Den Camembert in kleine Würfel schneiden. Den Knoblauch schälen und durchpressen. Die Frühlingszwiebeln putzen, waschen und in dünne Ringe schneiden. Dann in einer beschichteten Pfanne in 1 Spritzer Rapsöl andünsten, herausnehmen und abkühlen lassen. Spargelraspel, Camembert, Frühlingszwiebeln, 30 g Panko, Knoblauch, Petersilie, Schnittlauch, Ei und ½ TL Salz in einer Schüssel gut mischen.

Aus der Masse 6 bis 8 Portionen abnehmen, zu Fritters formen und rundum im restlichen Panko wälzen. Das übrige Rapsöl in einer beschichteten Pfanne erhitzen und die Fritters darin nach und nach rundum goldbraun braten. Herausnehmen und im Backofen bei 80 °C warm halten.

Währenddessen den Salat putzen, waschen, in die einzelnen Blätter teilen und trocken tupfen. Für das Dressing Zitronensaft, Olivenöl, Senf, Salz, Pfeffer und Agavendicksaft verquirlen. Die Salatblätter damit beträufeln und auf Teller verteilen. Die warmen Spargel-Fritters dazu reichen und nach Belieben mit Frühlingszwiebelringen garnieren.

Brennnessel-Gnocchi mit Panko und Spinat

Für 2 Personen | Zubereitung: 30 Minuten
Nährwerte pro Portion: ca. 815 kcal, 31 g EW, 32 g F, 96 g KH, 500 mg Ca

Zutaten:

1 kleine Schalotte
1 kleine Knoblauchzehe
25 g Brennnesselblätter
25 g junger Spinat
1 EL Olivenöl
Salz
Pfeffer aus der Mühle
frisch geriebene Muskatnuss
50 g geriebener Parmesan
3 Eier (Größe M)
250 g Panko (asiat. Paniermehl)
2 EL Polenta (Maisgrieß) zum Arbeiten
2 EL Artischockenbutter (siehe Seite 114; ersatzweise Butter)

Zubereitung:

Schalotte und Knoblauch schälen und in feine Würfel schneiden. Brennnesseln und Spinat verlesen, waschen und trocken schleudern, dabei grobe Stiele entfernen. Schalotte und Knoblauch in einer Pfanne im Olivenöl andünsten. Spinat und Brennnesseln dazugeben, mit ½ TL Salz sowie je 1 Prise Pfeffer und Muskatnuss würzen und alles kurz durchschwenken. Anschließend vom Herd nehmen und abkühlen lassen.

Parmesan, Eier und die Brennnessel-Spinat-Mischung in einen hohen Rührbecher geben und mit dem Stabmixer fein pürieren. Nach und nach den Panko dazugeben und alles solange verkneten, bis eine kompakte, aber nicht zu klebrige Masse entstanden ist. Falls die Masse nicht genug klebt, noch etwas Milch einarbeiten.

Die Masse auf der leicht mit Polenta bestreuten Arbeitsfläche etwa daumendick ausrollen und in etwa 2 cm große Stücke schneiden. Jedes Stück in den Handflächen zu einem Oval rollen und mit einer Gabel ein Gnocchi-Muster eindrücken.

In einem Topf ausreichend Wasser aufkochen, salzen und die Gnocchi darin etwa 7 Minuten ziehen lassen. In ein Sieb abgießen und abtropfen lassen. Die Artischockenbutter in einer Pfanne zerlassen und die Gnocchi darin kurz schwenken. Sofort auf tiefe Teller verteilen und mit 1 Prise Salz bestreuen. Nach Belieben mit jungen Spinatblättern garnieren.

Gebratene Saiblingsfilets mit bunten Tomaten und Oliven

Für 2 Personen | Zubereitung: 20 Minuten
Nährwerte pro Portion: ca. 265 kcal, 25 g EW, 15 g F, 5 g KH, 69 mg Ca

Zutaten:

2 Saiblingsfilets
(à ca. 120 g; mit Haut)
1 EL Rapsöl
2 Knoblauchzehen
7 Zweige Thymian
10 bunte Cocktailtomaten
1 EL Olivenöl
2 EL schwarze Oliven
(z. B. Kalamata)
Salzflocken

Zubereitung:

1

Den Fisch waschen und trocken tupfen. Das Rapsöl in einer beschichteten Pfanne erhitzen, angedrückten Knoblauch und Thymian darin anbraten.

2

Die Fischfilets auf der Hautseite in die Pfanne dazulegen und auf jeder Seite goldgelb braten. Währenddessen die Tomaten waschen und abtrocknen.

3

In einer weiteren Pfanne die Tomaten im Olivenöl 2 bis 3 Minuten schwenken. Die Oliven unterheben und alles mit 1 Prise Salzflocken verfeinern.

4

Fisch und Tomaten-Oliven-Mix auf Teller verteilen, nach Belieben mit Limette und Dill garnieren. Dazu passt Sauerteigbrot mit Olivenöl zum Dippen.

Einfach gesund essen:

Oliven enthalten reichlich Kalzium, Natrium, Phosphor und Eisen. Bei ausgereiften schwarzen Oliven ist der Gehalt an den Mineralstoffen sogar noch höher als bei grünen. Um den extremen Bittergeschmack abzumildern, werden Oliven immer in Lake oder Wasser aufbewahrt.

Ceviche vom Saibling mit Süßkartoffelpüree

Für 2 Personen | Zubereitung: 30 Minuten | Marinieren: 10 Minuten
Nährwerte pro Portion: ca. 390 kcal, 32 g EW, 12 g F, 34 g KH, 88 mg Ca

Zutaten:

1 Süßkartoffel
½ TL Salz
3 TL Olivenöl
300 g Saiblingsfilet (den Verkäufer darauf hinweisen, dass der Fisch für den Rohverzehr gedacht ist)
abgeriebene Schale und Saft von 1 Bio-Limette
½ Schalotte
1 TL Schnittlauchröllchen
1 EL Balsamico bianco
2 Radieschen
4 gelbe Cocktailtomaten
1 grüne Peperonischote
7 Stiele Brunnenkresse
Salzflocken

Zubereitung:

Die Süßkartoffel schälen, in grobe Würfel schneiden und in reichlich Salzwasser 12 bis 15 Minuten bissfest garen. Danach abgießen und kurz ausdampfen lassen. Mit ¼ TL Salz und 1 TL Olivenöl würzen und im Topf mit dem Stabmixer fein pürieren.

Währenddessen den Saibling auf Gräten kontrollieren und diese, falls nötig, entfernen. Den Fisch waschen, trocken tupfen und mit einem Filetiermesser in sehr dünne Scheiben schneiden. In einer Schale verteilen und mit Limettenschale und -saft beträufeln. Dann etwa 10 Minuten marinieren, bis sich das Fischfilet weiß färbt und wie gekocht aussieht.

Inzwischen die Schalotte schälen und fein würfeln. Mit dem restlichen Olivenöl, Schnittlauch, Essig und restlichem Salz mischen. Radieschen putzen und in dünne Scheiben schneiden. Die Tomaten waschen und halbieren. Peperoni putzen, waschen und schräg in dünne Ringe schneiden. Brunnenkresse verlesen, waschen und trocken tupfen.

Die marinierten Saiblingsscheiben mit dem Süßkartoffelpüree auf Tellern anrichten und mit der Marinade beträufeln. Mit Radieschen, Tomaten, Peperoni und Brunnenkresse garnieren. Mit 1 Prise Salzflocken bestreuen. Dazu passt Sauerteigbrot.

Kabeljau in Mandelkruste mit Fenchel und Honig-Senf-Sauce

Für 2 Personen | Zubereitung: 30 Minuten
Nährwerte pro Portion: ca. 695 kcal, 47 g EW, 46 g F, 19 g KH, 152 mg Ca

Zutaten:

Für den Fisch:
400 g Kabeljaufilet
1 EL Olivenöl
30 g ganze Mandeln
40 g gemahlene, blanchierte Mandeln (Mandelmehl)
1 TL Madras-Currypulver
1 TL geräuchertes Paprikapulver
½ TL Salz
2 EL Rapsöl
1 Fenchelknolle
4 getr. Aprikosen

Für die Honig-Senf-Sauce:
2 EL Olivenöl
20 g grober Bauernsenf
1 TL Balsamico bianco
1 TL flüssiger Honig
1 EL gehackter Dill

Zubereitung:

Für den Fisch den Kabeljau waschen, trocken tupfen und in längliche daumendicke Stücke schneiden. Mit etwas Olivenöl benetzen. Die ganzen Mandeln in einem leistungsfähigen Standmixer grob mahlen und mit dem Mandelmehl mischen, mit Curry, Paprika und Salz würzen.

Die Fischstücke im Mandel-Mix wälzen und in einer beschichteten Pfanne in 1 EL Rapsöl bei mittlerer Hitze goldgelb braten. Herausnehmen und auf Küchenpapier abtropfen lassen. Den übrigen Mandel-Mix in der Pfanne unter Wenden anrösten.

Währenddessen den Fenchel putzen, waschen, vierteln und den harten Strunk entfernen. Das übrige Rapsöl in einer Pfanne erhitzen und den Fenchel darin etwa 15 Minuten rundum rösten, sodass er noch etwas Biss hat.

Für die Sauce Olivenöl und Senf mit einem Schneebesen aufschlagen. Essig, Honig und Dill untermischen.

Zum Servieren die Trockenaprikosen in kleine Würfel schneiden. Kabeljau-Sticks und Fenchel auf Tellern anrichten und den Dip dazu reichen, mit gerösteten Mandelkrümeln und Aprikosenwürfeln bestreuen.

Fruchtiges Karpfencurry mit Quinoa und Koriander

Für 2 Personen | Zubereitung: 30 Minuten
Nährwerte pro Portion: ca. 885 kcal, 36 g EW, 52 g F, 66 g KH, 127 mg Ca

Zutaten:

1 kleine Schalotte
2 kleine Knoblauchzehen
½ Mango (ca. 200 g)
6 Cocktailtomaten
250 g Karpfenfilet
(Vorsicht: Karpfen enthält sehr viele Gräten!)
1 Spritzer Limettensaft
3 TL natives Kokosöl
1 TL Tomatenmark
1 TL Thai-Currypaste
300 ml Kokosmilch
1 EL frisch geriebener Bio-Ingwer (mit Schale)
½ TL frisch geriebene Bio-Kurkuma (mit Schale)
150 g rote Quinoa
½ TL Salz
1 grüne Peperonischote
etwas Koriandergrün zum Garnieren

Zubereitung:

Die Schalotte schälen und fein würfeln. Den Knoblauch schälen und durchpressen. Die Mango putzen, schälen und in Scheiben schneiden. Die Tomaten waschen.

Den Karpfen auf Gräten kontrollieren und diese, falls nötig, entfernen. Den Fisch waschen, trocken tupfen und in große Würfel schneiden. Mit dem Limettensaft beträufeln.

Das Kokosöl in einem Topf auf mittlerer Stufe erhitzen und Tomatenmark, Schalotte und Currypaste darin andünsten. Mit 100 ml Kokosmilch aufgießen und kräftig verrühren. Restliche Kokosmilch, Knoblauch, Ingwer und Kurkuma dazugeben und alles etwa 5 Minuten köcheln lassen. Die Mango ins Curry geben und alles bei mittlerer Hitze noch etwa 3 Minuten köcheln lassen. Den Karpfen etwa 7 Minuten im Curry mitgaren.

Währenddessen die Quinoa mehrmals in einem Sieb kalt abbrausen, damit die Bitterstoffe entweichen. In einem Topf mit 300 ml Salzwasser aufkochen und etwa 15 Minuten köcheln lassen. Anschließend die Quinoa offen auf der ausgeschalteten Herdplatte etwa 10 Minuten ausquellen lassen.

Zum Servieren die Peperoni putzen, waschen und schräg in dünne Ringe schneiden. Zuletzt die Tomaten noch 1 bis 2 Minuten im Curry mitgaren. Die Quinoa auf Teller verteilen und das Curry daraufsetzen. Mit Peperoni und Koriandergrün garnieren.

Sauerteigbrot mit Auberginen und Miso-Kräuter-Butter

Für 2 Personen | Zubereitung: 10 Minuten | Garen: 22 Minuten
Nährwerte pro Portion: ca. 400 kcal, 9 g EW, 22 g F, 37 g KH, 55 mg Ca

Zutaten:

2 kleine Auberginen
1½ EL Salz
2 EL Olivenöl
125 g weiche vegane Margarine
1 TL helle Miso-Paste
2 EL gehackter Thymian
2 EL Schnittlauchröllchen
2 EL gehackter Dill
abgeriebene Schale von ½ Bio-Zitrone
Pfeffer aus der Mühle
2–4 Scheiben Sauerteigbrot (je nach Größe)
gemahlener Koriander

Zubereitung:

Den Backofen auf 200 °C (Umluft) vorheizen. Ein Backblech mit Backpapier belegen. Die Auberginen putzen, waschen und längs in dünne Scheiben schneiden. Mit 1 EL Salz einreiben und etwa 10 Minuten ziehen lassen. Anschließend kalt abbrausen und trocken tupfen, nebeneinander auf das Blech legen und mit etwas Olivenöl beträufeln. Die Auberginen im Ofen auf der mittleren Schiene etwa 20 Minuten garen. Dabei am Ende der Garzeit kurz den Backofengrill dazuschalten, damit die Auberginen goldgelb bräunen. Herausnehmen und abkühlen lassen.

Inzwischen Margarine und Miso-Paste mit den Quirlen des Handrührgeräts kurz aufschlagen. Die gehackten Kräuter, Zitronenschale und Pfeffer unterrühren. Die Sauerteigbrote mit etwa 3 EL Miso-Kräuter-Butter bestreichen (Rest anderweitig verwenden). Die Auberginen darauflegen (Reste ebenfalls anderweitig verwenden) und mit übrigem Olivenöl und Koriander garnieren. Nach Belieben mit Dillspitzen toppen.

Einfach gesund essen:

Sauerteigbrot wird aus Mehl, Wasser, Salz und Sauerteig hergestellt. In der Starterkultur stecken verschiedene gesunde Milchsäurebakterien und Hefen. Der lebendige Ansatz wird einfach zum Teig dazugegeben und zu einem gesunden, mineralstoffreichen Brot gebacken. Die Technik der langsamen Sauerteigführung hilft auch, das kalziumbindende Phytin im Getreide zu reduzieren (siehe Seite 25).

Cashewfrischkäse mit Algenöl

Für 6 Personen | Zubereitung: 10 Minuten | Einweichen: 1 Stunde | Kühlen: 2 Stunden
Nährwerte pro Portion: ca. 270 kcal, 31 g EW, 18 g F, 23 g KH, 170 mg Ca

Zutaten:

200 g Cashewkerne
170 g Tofu
1 kleine Knoblauchzehe
50 g Hefeflocken
1 TL grober Bauernsenf
1 TL helle Miso-Paste
Pfeffer aus der Mühle
½ TL Algenöl (aus Bioladen oder Reformhaus)
abgeriebene Schale und Saft von 1 Bio-Zitrone
¼ TL roter Pfeffer aus der Mühle
1 EL gehackter Dill

Zubereitung:

Die Cashewkerne mit heißem Wasser mindestens 1 Stunde einweichen. Anschließend in ein Sieb abgießen und abtropfen lassen. Die Cashewkerne mit den übrigen Zutaten – bis auf roten Pfeffer, Dill und Zitronenschale – in einen hohen Rührbecher geben. Alles mit dem Stabmixer möglichst fein pürieren. In eine kleine Schüssel füllen und mindestens 1 Stunde kühl stellen. Zum Servieren den Aufstrich mit Dill, rotem Pfeffer und Zitronenschale garnieren. Nach Belieben auf Saaten-Crackern oder Brot genießen. Der Aufstrich hält sich in einem kleinen Glas luftdicht verschlossen im Kühlschrank etwa 5 Tage.

Tipp:
Öle aus Mikroalgen sind aus gesundheitlicher Sicht genauso hochwertig wie die aus Fisch. Sie wirken dank ihres hohen Omega-3-Fettsäure-Gehalts entzündungshemmend und immunschützend. Ein Vorteil: Anders als große Algen sind sie jodfrei (siehe Seite 41).

Geröstete Möhrenbutter

Für 4 Personen | Zubereitung: 15 Minuten | Rösten: 20 Minuten
Nährwerte pro Portion: ca. 125 kcal, 3 g EW, 9 g F, 8 g KH, 72 mg Ca

Zubereitung:

Den Backofen auf 190 °C (Umluft) vorheizen. Die Möhren putzen, waschen und längs vierteln. Den Knoblauch schälen, den Ingwer waschen, beides grob hacken. Alles mit Öl in einer Auflaufform mischen. Möhren im Ofen auf der mittleren Schiene etwa 20 Minuten rösten. Herausnehmen und abkühlen lassen.

Den Möhren-Mix mit Oregano, Tahin, Zitronenschale und -saft, Kurkuma, Salz und 1 Prise Pfeffer in einen hohen Rührbecher geben und alles mit dem Stabmixer grob pürieren. Die Brunnenkresse verlesen, waschen, trocken schleudern und die Möhrenbutter damit garnieren. Nach Belieben mit Blumenbrot (aus dem Reformhaus; ersatzweise glutenfreies Saatenbrot) oder einem anderen Saatenbrot genießen.

Zutaten:

3 Möhren
1 Knoblauchzehe
½ TL frisch geriebener Bio-Ingwer (mit Schale)
1 EL Olivenöl
¼ TL getr. Oregano
50 g Tahin (Sesampaste)
abgeriebene Schale und Saft von ½ Bio-Zitrone
1 kleines Stück frisch geriebene Bio-Kurkuma
½ TL Salz
Pfeffer aus der Mühle
4 Stiele Brunnenkresse

Brennnessel-Hummus mit Spinat und Sprossen

Für 4 Personen | Zubereitung: 10 Minuten
Nährwerte pro Portion: ca. 265 kcal, 10 g EW, 16 g F, 17 g KH, 204 mg Ca

Zutaten:

1 Glas Kichererbsen (230 g Abtropfgewicht)
10 Brennnesselblätter
120 g Tahin (Sesampaste)
1 kleine Handvoll junger Spinat
½ TL gemahlener Kreuzkümmel
½ TL Salz
1 kleine Knoblauchzehe
1 TL gemahlener Koriander
½ TL Natron
abgeriebene Schale und Saft von ½ Bio-Zitrone
Sprossen zum Garnieren

Zubereitung:

1

Die Kichererbsen in einem Sieb abbrausen und abtropfen lassen. Die Brennnesselblätter verlesen, waschen und trocken schleudern, grobe Stiele entfernen.

2

Alle Zutaten – bis auf die Sprossen – mit 75 ml kaltem Wasser in einen hohen Rührbecher geben und mit dem Stabmixer etwa 1 Minute fein pürieren.

3

Zum Servieren die Sprossen in einem Sieb abbrausen und abtropfen lassen. Am besten passen hierzu Radieschensprossen, die man selbst ziehen kann.

4

Den Brennnessel-Hummus in eine kleine Schüssel füllen und mit den Sprossen bestreuen. Nach Belieben frisches Sauerteigbrot dazu reichen.

Einfach gesund essen:

Kichererbsen sind eiweißreiche Alleskönner in der Küche. Beachtlich ist ihr Gehalt an Ballaststoffen, Eisen, Kalzium und Magnesium (siehe Seite 43). Das macht die vielseitigen Hülsenfrüchte zum perfekten Ersatz für tierische Produkte wie Fleisch oder Milch. In diesem Rezept liefern Brennnesseln noch Kalzium on top dazu – der ideale Snack für alle, die sich knochenfreundlich ernähren möchten.

Blumenkohlpuffer mit Joghurt und Frühlingszwiebeln

Für 2 Personen | Zubereitung: 20 Minuten | Garen: 15 Minuten
Nährwerte pro Portion: ca. 650 kcal, 23 g EW, 42 g F, 40 g KH, 420 mg Ca

Zutaten:

1 kleiner Blumenkohl (ca. 600 g)
40 g geriebener Parmesan
2 Eier (Größe M)
1 TL Weinsteinbackpulver
80 g Mehl
½ TL gemahlener Koriander
3 EL gehackter Thymian
Salz
Pfeffer aus der Mühle
5 EL Olivenöl
100 g griech. Joghurt (10 % Fett)
1 Stück frische Bio-Kurkuma
abgeriebene Schale und Saft von ¼ Bio-Zitrone
2 Frühlingszwiebeln

Zubereitung:

Den Backofen auf 170 °C (Umluft) vorheizen. Ein Backblech mit Backpapier belegen.

Den Blumenkohl putzen, waschen und Strunk und Blattgrün entfernen (beides nach Belieben anderweitig verwenden). Anschließend den Blumenkohl auf der Gemüsereibe vollständig raspeln (alternativ im Standmixer grob häckseln). Dann mit Parmesan, Eiern, Weinsteinbackpulver, Mehl, Koriander, Thymian, 1 TL Salz und Pfeffer gründlich mischen.

Aus der Masse mit angefeuchteten Händen 10 Puffer formen. In einer beschichtete Pfanne etwas Olivenöl erhitzen und die Puffer darin auf jeder Seite goldbraun braten. Herausnehmen, auf das Blech legen und im Ofen auf der mittleren Schiene etwa 15 Minuten fertig backen.

Inzwischen den Joghurt in eine kleine Schüssel füllen. Die Kurkuma reiben und mit Zitronenschale und -saft sowie Salz unterrühren. Die Frühlingszwiebeln putzen, waschen und in dünne Ringe schneiden. Die Puffer aus dem Ofen nehmen und mit dem Dip und den Frühlingszwiebelringen servieren.

Haferflockenpizza mit Tomaten und Feta

Für 1 Pizza (2 Personen) | Zubereitung: 20 Minuten | Backen: 15 Minuten
Nährwerte pro Portion: ca. 500 kcal, 12 g EW, 24 g F, 55 g KH, 103 mg Ca

Zutaten:

120 g Haferflocken
140 g griech. Joghurt (10 % Fett)
20 g Maismehl
2 TL Olivenöl
1 TL Pfeilwurzelstärke (ersatzweise Speisestärke)
½ TL Weinsteinbackpulver
Salz
1 ½ Handvoll bunte Cocktailtomaten
2 Knoblauchzehen
50 g Feta (Schafskäse; ersatzweise pflanzliche Alternative)

Zubereitung:

Den Backofen auf 200 °C (Umluft) vorheizen. Ein Backblech mit Backpapier belegen.

Die Haferflocken in einem leistungsfähigen Standmixer zu feinem Mehl mahlen. Dann mit 120 g Joghurt, Maismehl, 1 TL Olivenöl, Stärke, Backpulver und ½ TL Salz verkneten. Sollte der Teig zu krümelig sein, noch etwas Joghurt dazugeben.

Den Haferflockenteig auf der Arbeitsfläche vorsichtig zu einem Quadrat ausrollen. Eine beschichtete Pfanne erhitzen und die Teigplatte darin im übrigen Olivenöl bei mittlerer Hitze etwa 10 Minuten auf beiden Seiten goldgelb backen.

Währenddessen die Tomaten waschen, in eine kleine Auflaufform geben, mit 1 Prise Salz und den angedrückten Knoblauchzehen mischen. Die Tomaten im Ofen auf der mittleren Schiene etwa 10 Minuten garen. Herausnehmen und kurz abkühlen lassen, den Backofen nicht ausschalten.

Den Feta würfeln. Den gebackenen Teig aus der Pfanne auf das Blech gleiten lassen. Den restlichen Joghurt darauf verstreichen. Die gegarten Tomaten samt Knoblauch und die Fetawürfel darauf verteilen und die Pizza im Ofen auf der mittleren Schiene noch etwa 5 Minuten überbacken. Herausnehmen und nach Belieben mit Basilikumblättern und Salzflocken servieren.

Schokodatteln mit Himbeeren

Für 6 Stück | Zubereitung: 15 Minuten
Nährwerte pro Stück: ca. 140 kcal, 4 g EW, 9 g F, 10 g KH, 12 mg Ca

Zutaten:

6 Medjool-Datteln
6 TL vegane Erdnussbutter
1 EL gefriergetrocknete Himbeeren
50 g vegane Zartbitterschokolade

Zubereitung:

Die Datteln längs aufschneiden und den Stein entfernen. Jede Dattel mit 1 TL Erdnussbutter füllen und leicht zusammendrücken. Die Himbeeren grob hacken. Die Schokolade hacken und in einer Metallschüssel über dem heißen Wasserbad unter Rühren schmelzen. Die gefüllten Datteln rundum in die Schokolade tauchen und mit den Himbeerstückchen garnieren. Vollständig trocknen lassen.

Tipp:
Medjool-Datteln sind die Königinnen unter den Dattelsorten: wegen ihrer Größe, ihrer zarten Konsistenz und ihres wunderbaren Aromas. Nach der Ernte werden die Früchte nicht getrocknet und geschwefelt, sie haben Rohkostqualität. Zudem liefern sie reichlich Magnesium, Kalzium, Phosphor und Eisen.

Power-Pralinen mit Nüssen und Hanfsamen

Für 14 Stück | Zubereitung: 20 Minuten
Nährwerte pro Stück: ca. 140 kcal, 3 g EW, 11 g F, 6 g KH, 21 mg Ca

Zubereitung:

In einer Pfanne ohne Fett nacheinander Haselnüsse und Hanfsamen hell rösten, herausnehmen und abkühlen lassen. 20 g Haselnüsse abnehmen und beiseitestellen, die übrigen Nüsse mit den restlichen Zutaten – bis auf die Himbeeren – in einem leistungsfähigen Standmixer grob mixen. Mit einem Löffel etwas Masse herausnehmen und prüfen, ob sie sich gut formen lässt. Falls nötig, noch etwas Haselnussdrink einarbeiten.

Pro Praline etwa 25 g Nuss-Dattel-Masse abnehmen, jeweils 1 geröstete Haselnuss eindrücken und die Masse darum herum zu einer Kugel rollen. Die Trockenhimbeeren in einer Gewürzmühle fein zermahlen und die Kugeln darin rundum wälzen. Die Power-Pralinen in einer Plastikbox im Kühlschrank aufbewahren und am besten innerhalb von 2 Wochen genießen.

Zutaten:

- 120 g Haselnusskerne
- 50 g geschälte Hanfsamen
- 50 g Macadamianusskerne
- 2 TL vegane Erdnussbutter
- 1 EL Raw Kakao (rohes Kakaopulver)
- 5 Medjool-Datteln (entsteint)
- 5 getr. Aprikosen
- 1 Prise gemahlene Vanille
- 50 ml ungesüßter Haselnussdrink
- 1 TL gefriergetrocknete Himbeeren

Haselnusskuchen mit Buchweizen

Für 1 Springform (18 cm Durchmesser, 12 Stücke) | Zubereitung: 15 Minuten | Backen: 50 Minuten
Nährwerte pro Stück: ca. 305 kcal, 5 g EW, 22 g F, 22 g KH, 23 g Ca

Zutaten:

Für den Kuchen:
170 g Buchweizenmehl
150 g geröstete Haselnusskerne
1 TL Zimtpulver
1 Prise frisch geriebene Muskatnuss
1 TL Natron
2 TL Weinsteinbackpulver
60 g Rohrzucker
abgeriebene Schale von 1 Bio-Orange
1 Prise Salz
100 ml Haselnussöl
¼ l ungesüßter Haferdrink
120 g Hagebuttenmark (aus dem Bioladen)

Außerdem:
100 g vegane Zartbitterschokolade
2 EL Haselnussblättchen

Zubereitung:

Für den Kuchen den Backofen auf 170 °C (Umluft) vorheizen. Die Form mit Backpapier auskleiden. Die trockenen Zutaten mischen, anschließend Öl, Haferdrink und 60 g Hagebuttenmark dazugeben und alles mit den Quirlen des Handrührgeräts unterrühren. Die Masse in die Form füllen, glatt streichen und im Ofen auf der mittleren Schiene etwa 50 Minuten backen.

Den Kuchen herausnehmen und auf einem Kuchengitter in der Form abkühlen lassen. Anschließend aus der Form lösen und den Kuchen horizontal halbieren. Die untere Hälfte mit dem restlichen Hagebuttenmark bestreichen und die obere Hälfte wieder daraufsetzen.

Die Schokolade hacken und in einer Metallschüssel über dem heißen Wasserbad unter Rühren schmelzen. Den Kuchen mit der zerlassenen Schokolade gleichmäßig überziehen und fest werden lassen. Mit den Haselnussblättchen garnieren.

Tipp:
Wer das entsprechende Küchengerät – eine Getreide- oder Nussmühle – zur Hand hat, kann den Buchweizen und die gerösteten Haselnüsse auch selbst frisch mahlen. Ansonsten Buchweizenmehl und geriebene Haselnüsse aus dem Handel verwenden.

Kokos-Kürbiskern-Bars

Für 8 Stück | Zubereitung: 10 Minuten | Backen: 40 Minuten
Nährwerte pro Stück: ca. 235 kcal, 10 g EW, 17 g F, 8 g KH, 22 mg Ca

Zutaten:

200 g Kürbiskerne
50 g getr. Feigen
50 g Kokosraspel
25 g geschroteter Leinsamen
90 ml ungesüßter Hanfdrink
Salz
¼ TL gemahlene Vanille
2 EL Dattelsirup

Zubereitung:

Den Backofen auf 170 °C (Umluft) vorheizen. Ein Backblech mit Backpapier belegen. (Alternativ in einer speziellen Backform für Riegel arbeiten.) 100 g Kürbiskerne in einem leistungsfähigen Standmixer grob häckseln. Feigen ebenfalls zerkleinern. Beides mit übrigen Kürbiskernen, Kokosraspeln, Leinsamen, Hanfdrink, 1 Prise Salz, Vanille und Sirup in einer Rührschüssel mischen.

Die Masse auf das Blech geben, flach drücken und zu einem festen Rechteck (ca. 16 x 18 cm) formen. Im Ofen auf der mittleren Schiene etwa 40 Minuten leicht goldbraun backen. Die Platte herausnehmen und sofort in 8 Riegel schneiden, auf einem Kuchengitter vollständig abkühlen lassen.

Mandel-Protein-Riegel

Für 1 Silikon-Müsliriegelform (6 Stück) | Zubereitung: 15 Minuten | Kühlen: 30 Minuten
Nährwerte pro Stück: ca. 225 kcal, 8 g EW, 19 g F, 5 g KH, 37 mg Ca

Zubereitung:

Mandeln, Mandelmus, Hanfdrink, Hanfsamen, Vanille, Salz und Dattelsüße in einer Rührschüssel mischen und alles gleichmäßig verrühren. Die Masse auf die Riegelform verteilen und jeweils gut in die Mulden pressen. Dann im Kühlschrank etwa 30 Minuten fest werden lassen (alternativ die Masse in eine flache Form pressen, fest werden lassen und vor dem Schneiden mit Schokolade überziehen).

Inzwischen die Schokolade hacken und in einer Metallschüssel über dem heißen Wasserbad unter Rühren schmelzen. Die Riegel aus der Form lösen und oben dünn mit Schokolade bestreichen, fest werden lassen. Als Snack zwischendurch oder nach dem Sport genießen.

Zutaten:

100 g gemahlene, blanchierte Mandeln (Mandelmehl), geröstet
50 g veganes Mandelmus
20 ml ungesüßter Hanfdrink
50 g geröstete geschälte Hanfsamen
¼ TL gemahlene Vanille
1 Prise Salz
1 TL Dattelsüße
25 g vegane Zartbitterschokolade

Schoko-Mohn-Kuchen mit Sauerkirschen

Für 1 Springform (18 cm Durchmesser, 12 Stücke) | Zubereitung: 10 Minuten | Backen: 40 Minuten
Nährwerte pro Stück: ca. 265 kcal, 5 g EW, 17 g F, 20 g KH, 148 mg Ca

Zutaten:

50 g vegane Zartbitterschokolade
200 g Schattenmorellen (aus dem Glas)
130 g Buchweizenmehl
110 g Mohnsamen
100 gemahlene, blanchierte Mandeln (Mandelmehl)
80 ml Haselnussöl
1 TL Weinsteinbackpulver
½ TL Natron
80 g brauner Zucker

Zubereitung:

1 Den Backofen auf 170 °C (Umluft) vorheizen. Die Form mit Backpapier auskleiden. Schokolade grob raspeln. Kirschen in einem Sieb abtropfen lassen.

2 Buchweizenmehl, Mohn, Mandelmehl, Haselnussöl, Backpulver, Natron, Zucker und Schokolade mit den Quirlen des Handrührgeräts verrühren.

3 Kirschen unterheben, falls nötig, noch 100 ml ungesüßten Haferdrink dazugießen. In der Form im Ofen auf der mittleren Schiene 40 Minuten backen.

4

Den Kuchen herausnehmen und auf einem Kuchengitter in der Form auskühlen lassen. Zum Servieren nach Belieben mit Puderzucker bestäuben.

Einfach gesund essen:

Mohnsamen bestehen zu 40 bis 60 Prozent aus gesunden Omega-6-Fettsäuren und sind reich an Eisen, Kalzium, Kalium und Magnesium (siehe Seite 42). Das heimische Superfood hat einen einzigartigen fein-nussigen Geschmack und wird als Weiß-, Blau- oder Graumohn angebaut. Hierzulande ist vor allem der Blaumohn im Handel, in Österreich gibt es eine größere Auswahl der traditionsreichen Ölsaat.

Rübli-Cookies mit Haselnüssen und Hagebuttenmark

Für 10 Stück | Zubereitung: 10 Minuten | Backen: 40 Minuten
Nährwerte pro Stück: ca. 340 kcal, 6 g EW, 25 g F, 22 g KH, 41 mg Ca

Zutaten:

200 g Haselnusskerne
200 g Haferflocken
1 große Möhre (ca. 150 g)
100 g Haselnussöl
60 g brauner Zucker
100 g Hagebuttenmark (aus dem Bioladen)
100 ml ungesüßter Hanfdrink
1 TL Weinsteinbackpulver
½ TL Natron
1 Prise Salz
1 TL Zimtpulver
1 Prise frisch gemahlene Muskatnuss
1 EL frisch geriebener Bio-Ingwer (mit Schale)
1 Flax Egg (siehe Tipp)

Zubereitung:

Den Backofen auf 175 °C (Umluft) vorheizen. Ein Backblech mit Backpapier belegen.

Die Haselnüsse und Haferflocken in einem leistungsfähigen Standmixer nacheinander grob mahlen. Die Möhre putzen, schälen und grob raspeln. Alle Zutaten in einer Rührschüssel mit den Quirlen des Handrührgeräts verrühren.

Aus der Masse mit einem Eisportionierer (ca. 6 cm Durchmesser) etwa 10 gleichmäßige Halbkugeln abnehmen, nebeneinander auf das Blech setzen und leicht andrücken. Dabei etwas Abstand zwischen den Cookies lassen, da sie beim Backen noch auseinandergehen.

Die Cookies im Ofen auf der mittleren Schiene etwa 40 Minuten backen. Herausnehmen und auf einem Kuchengitter vollständig abkühlen lassen, da die Cookies sonst zerbrechen. Sie halten sich in einer Vorratsdose gut 1 Woche.

Tipp:
Flax Egg ist ein veganer Eiersatz, der sich ganz einfach herstellen lässt: Dazu 1 EL geschroteten Leinsamen mit 3 EL kochendem Wasser in einer Schüssel übergießen und etwa 5 Minuten quellen lassen.

Joghurt mit Pistazien und Kardamom-Kaffee-Datteln

Für 2 Personen | Zubereitung: 15 Minuten | Einlegen: 13 Stunden (über Nacht)
Nährwerte pro Portion: ca. 445 kcal, 8 g EW, 21 g F, 52 g KH, 242 mg Ca

Zutaten:

125 g Medjool-Datteln
5 Kardamomkapseln
1 Zimtstange
5 Raw Kakao-Bohnen (rohe Kakaobohnen)
200 ml frisch gebrühter Espresso
300 g griech. Joghurt (10 % Fett)
2 EL tiefgekühlte Himbeeren
2 EL ungesalzene Pistazienkerne
1 TL flüssiger Honig

Zubereitung:

Am Vortag die Datteln halbieren, den Stein entfernen und die Datteln mit Kardamom, Zimtstange und Raw Kakao in eine Schüssel füllen. Den Espresso über den Dattel-Gewürz-Mix gießen und alles abgedeckt im Kühlschrank mindestens 12 Stunden ziehen lassen.

Am nächsten Tag die Datteln in ein Sieb abgießen, Kardamomkapseln und Zimtstange wieder entfernen, die rohen Kakaobohnen können mitgegessen werden. Die Datteln mindestens 1 Stunde Zimmertemperatur annehmen lassen. Zum Servieren den Joghurt auf Schalen geben, Datteln und tiefgekühlte Himbeeren darauf verteilen. Die Pistazien grob hacken und mit dem Honig über die Datteln geben.

Crème Brûlee mit Seidentofu

Für 4 Personen | Zubereitung: 15 Minuten | Garen: 20 Minuten
Nährwerte pro Portion: ca. 115 kcal, 5 g EW, 3 g F, 16 g KH, 65 mg Ca

Zutaten:

250 g Seidentofu
200 ml ungesüßter Sojadrink
50 g Kokosblütenzucker
25 g veganes Vanillepudding-pulver
1 Prise Salz
1 Prise gemahlene Vanille

Zubereitung:

Den Backofen auf 170 °C (Umluft) vorheizen. Ein tiefes Backblech auf die mittlere Schiene schieben. Alle Zutaten in einen hohen Rührbecher geben und fein mixen.

Die Tofumasse auf ofenfeste Schälchen verteilen und auf das tiefe Backblech stellen. Etwa 2 cm hoch heißes Wasser in das Blech füllen und die Crèmes im Ofen etwa 20 Minuten garen. Nach der Garzeit den Backofen ausschalten und die Crèmes noch etwa 10 Minuten bei leicht geöffneter Backofentür ruhen lassen. Anschließend herausnehmen und servieren. Dazu nach Belieben mit gehackten Erdnusskernen, Kokosflocken oder Chiasamen bestreuen.

BEWEGUNGS-BASICS BEI OSTEOPOROSE

Vorbeugen und Nachsorgen bei Osteoporose – das geht nicht ohne Bewegung. Neben der Ernährung sind sportliche Aktivitäten die wichtigste Säule der Therapie. Dafür müssen Sie nicht allzu viel tun, es sollte aber das Beste für die Knochen sein. Helge Riepenhof zeigt im folgenden Kapitel Übungen, mit denen Sie Ausdauer, Koordinationsfähigkeit und Muskulatur knochenfreundlich trainieren können. Außerdem stellt er geeignete Sportarten für Osteoporose-Patienten vor. Das Gute daran: Wenn Sie gezielte Übungen und Sport mit einem aktiven Lebensstil verbinden, profitieren nicht nur Ihre Knochen davon. Sie werden auch sonst fitter und gesünder.

Mit Bewegung gegen den Knochenabbau

Wenn Sie Sport treiben, profitieren die Knochen gleich mehrfach davon. Bewegung fördert den Muskelaufbau und Belastung festigt die Knochenstruktur. Beides verbessert die Koordinationsfähigkeit und kann Stürze verhindern. Das beste Training und das richtige Maß hängt vom eigenen Fitnesslevel und von Vorerkrankungen ab.

Um stark zu bleiben, müssen Knochen gebraucht werden. Ganz nach dem Prinzip „use it or lose it", „benutze oder verliere es". Wer glaubt, seinen Knochen etwas Gutes zu tun, indem er sie schont, irrt gewaltig. Auch sollte niemand aus Angst vor Stürzen Bewegung und Sport meiden. Es gilt das Gegenteil: Knochen brauchen eine Form von Bewegung, die sie belastet. Sie „leben" und reagieren auf äußere Einflüsse wie Zug oder Druck mit Um- und Aufbau. Erkennt der Körper an der Belastung, dass Knochengewebe nötig ist, passt er den regelmäßigen Umbauprozess des Knochens an. Der Aufbau der Knochenmasse wird verstärkt und die Festigkeit des Knochens nimmt zu.

Jede Bewegung tut gut

Was genau ist bei Osteoporose geeignet? Grundsätzlich gilt für jeden Menschen: Bewegung tut gut. Dazu muss man wissen, dass keine Form von Sport alle nützlichen Effekte gleichzeitig mit sich bringen kann. Wenn es um gesunde und starke Knochen geht, ist eine Kombination aus Muskelaufbautraining, stauchenden Belastungen, Koordinations- und Flexibilitätsübungen optimal. Körperliche Aktivitäten fangen im Alltag an. Wer nicht nur am Schreibtisch oder auf dem Sofa sitzt, sondern viel auf den Beinen ist, hat schon einiges gewonnen. Der Vorsatz „Mehr Bewegung" allein ist aber zu wenig.

Empfehlenwerte Sporarten

So wichtig Alltagstätigkeiten (beispielsweise regelmäßig zu Fuß gehen, Treppen steigen oder Einkäufe tragen) auch sind, sie genügen nicht, um ausreichende Effekte für die Knochen zu erzielen. Denn dafür ist die Belastung zu gering. Damit Bewegung den Knochen wirklich hilft, sollte man gezielt trainieren und die Anreize möglichst steigern, also das Training im Laufe der Zeit intensivieren und vor allem nicht wieder aufgeben. Denn dann bildet sich das Skelett nach einiger Zeit auf das Ausgangsniveau zurück. Es hat sich gezeigt, dass kürzere, aber dafür intensive Belastungen besser wirken als längere, die weniger intensiv sind. Die folgenden Sportarten sind gut geeignet:

▶ Vibrationstraining
Diese Form des Trainings wurde ursprünglich für Astronauten entwickelt, die nach langen Aufenthalten in der Schwerelosigkeit mit Osteoporose zurückkehrten. Heute gehören Vibrationstrainer oder -platten zum Standardequipment von physiotherapeutischen Praxen, Rehazentren und Fitnessstudios. Aber auch zu Hause leisten die Geräte gute Dienste. Es geht dabei um kleine Impulse, die Muskeln, Kreislauf und Knochen nur durch Bewegung aktivieren. Allerdings muss man aufpassen: Wer nicht mehr jung und fit ist, braucht Therapiegeräte, die dem eigenen

Level oder Krankheitsbild entsprechen. Wenn Sie sich einen Vibrationstrainer anschaffen möchten, lassen Sie sich genau beraten und achten Sie auf sanftes Training mit kleinen Bewegungsimpulsen, das zwar be-, aber nicht überlastet. Vor allem wenn Sie ein künstliches Gelenk haben, sollten Sie sich vorher gut von Ihrem Arzt beraten lassen.

Muskelaufbautraining

Krafttraining ist ein ganz wesentlicher Teil der Osteoporose-Therapie, denn starke Muskeln sind eine tragende Säule, um die Knochen zu schützen und das Skelett zu stützen. Dabei verhalten sich die Muskeln ähnlich wie die Knochen: Sie wachsen mit ihren Aufgaben. Wenn sie angespannt werden, steht der Knochen unter Druck und profitiert vom Zug der „Muckis", was wiederum den Knochenstoffwechsel in Fahrt bringt. Dazu kommt: Falls man gefährlich stürzt, schlimmstenfalls mit Knochenbrüchen, müssen die Muskeln dafür sorgen, dass man sich selbst helfen kann, wenn niemand in der Nähe ist. Zum Muskelaufbau eignen sich Übungen, wie Sie sie in diesem Buch ab Seite 160 finden. Auch im Fitnessstudio können Sie viel erreichen. Sie müssen aber nicht unbedingt mit Geräten trainieren. Der eigene Körper ist ebenfalls ein effektives „Gerät". Passendes Krafttraining sollte verschiedene Muskelgruppen aktivieren.

Ausdauertraining

Ob Wandern, Laufen, Tanzen, Crosstraining oder Gymnastik: Zunächst einmal tut alles gut und verbessert die Knochendichte, was die Ausdauer verbessert, die Muskeln zumindest ein bisschen fordert und die Knochen staucht. Einige Sportarten wie Schwimmen oder Radfahren sind jedoch weniger geeignet, um Osteoporose vorzubeugen, denn dabei wird der Knochen deutlich weniger belastet. Wer regelmäßig moderat aktiv ist, schafft sich eine ideale Basis und trainiert seine Ausdauer.

Trampolin für zu Hause: Hüpfen mit Mehrwert

Ein kleines Trampolin für zu Hause ist vor allem für diejenigen, die ihre Gelenke schonen müssen, ein perfektes Trainingsgerät. Beim Hüpfen werden die Knochen gestaucht, die Koordinationsfähigkeit trainiert und die Muskeln gefordert, um Bewegungen auszugleichen. Wer sein Gleichgewicht auf dem Trampolin schult, ist im Alltag besser gegen Stürze gewappnet. Allerdings gilt auch hier: Fangen Sie vorsichtig an. Ihre Körpermitte muss stabil sein und zur Spannung des Trampolins passen.

Springen

Speziell für die Knochen sollte es aber ein bisschen mehr sein als leichtes Ausdauertraining. Wer fit genug ist, darf ruhig mal größere Sprünge machen. Seilspringen und Hüpfen sind besonders effektiv. Und wer joggt, kann größere Schritte machen. In Untersuchungen zeigte sich, dass man mit täglich 20 Sprüngen am Stück die Knochendichte innerhalb von nur vier Monaten signifikant verbessern kann.

Individuelles Programm

Wie oft und wie lange sollte ich trainieren? Meist wird für einen gesunden Lebensstil empfohlen, dreimal in der Woche eine halbe Stunde aktiv zu sein – vorausgesetzt, dass der Gesundheitszustand es erlaubt. Für aktive Menschen reicht es, wenn sie zusätzlich zehn Minuten täglich in Krafttraining investieren. Wer selbst unsicher ist, lässt sich am besten von Ärzten oder Physiotherapeuten ein individuelles Programm zusammenstellen, das alle Aspekte (Bewegung im Alltag, Koordinations-, Kraft- und Ausdauertraining) berücksichtigt.

Motivation: So bleiben Sie dran

Bis Bewegung und Sport selbstverständlich zum Alltag gehören, ist viel Motivation gefragt. Vor allem am Anfang ist es gar nicht so einfach, sich aufzuraffen und endlich in Schwung zu kommen. Diese Strategien helfen Ihnen im Kampf gegen den inneren Schweinehund.

Setzen Sie sich konkrete Ziele

Die Diagnose Osteoporose ist da und immer häufiger treten Schmerzen auf. „Sie müssen sich mehr bewegen", sagt der Arzt. Eigentlich wissen Sie längst, dass es so nicht weitergehen kann, und fassen den Vorsatz: „Ich werde Sport treiben." Das ist zwar löblich, reicht aber nicht. Denn noch klafft zwischen Wunsch und Wirklichkeit eine große Lücke. Werden Vorsätze nicht zeitig umgesetzt, geraten sie schnell wieder in Vergessenheit. Machen Sie lieber gleich einen genauen Plan, mit dem Sie innerhalb von 14 Tagen beginnen. Schreiben Sie Ihre To-dos genau auf: Montag, 18 Uhr, 20 Minuten Übungen. Mittwoch, 8 Uhr, 1 Stunde Walken. Und so weiter …

Planen Sie in zwei Phasen

Warten Sie nicht auf Zeiten, in denen Ihnen Sport angeblich leichterfallen wird. Akzeptieren Sie die Tatsache, dass Bewegung am Anfang möglicherweise mit Qual verbunden ist. Betrachten Sie die ersten Trainingswochen als Therapie. In dieser Phase geht fast nichts von allein. Bis eventuelle Schmerzen nachlassen und Sie sich rundum besser fühlen, müssen Sie Disziplin aufbringen, auch dann dranzubleiben, wenn Sie noch keine Verbesserungen spüren. Danach wird es leichter. In der zweiten Phase geht es vor allem darum, das Gewonnene zu erhalten beziehungsweise zu verbessern. Sie haben Routine entwickelt. Das Aufraffen fällt Ihnen nicht mehr so schwer.

Kommen Sie auf gute Gedanken

Denken Sie nicht zu oft an die negativen Seiten des Trainings, sondern überspringen Sie die anstrengenden Phasen mental und bringen Sie sich immer wieder auf positive Gedanken. Malen Sie sich aus, wie gut es Ihnen gehen wird, wenn Sie bald weniger Schmerzen haben, nicht so schnell aus der Puste kommen und sich fitter fühlen. Wie zufrieden werden Sie sein, wenn Sie Ihren inneren Schweinehund besiegt haben. Positives Kopfkino beflügelt. Es gibt allerdings auch Menschen, denen negative Motivation auf die Sprünge hilft.

Setzen Sie auf Gruppenzwang

Sport in der Gruppe ist aus verschiedenen Gründen leichter, denn die meisten Menschen lassen sich von anderen besser motivieren als von sich selbst. Dafür gibt es verschiedene Gründe. Sport macht im Team einfach mehr Spaß. Eine Gruppe verhindert, dass man kurzfristig absagt, weil die Lust gerade fehlt. Das Training wird abwechslungsreicher, wenn andere neue Anregungen bringen. Außerdem verstärkt das Gemeinschaftsgefühl die positiven Effekte, die Sport auf die Psyche hat.

Nutzen Sie Wenn-dann-Pläne

Wenn es darum geht, gute Vorsätze einzuhalten, sind die sogenannten Wenn-dann-Pläne aus der Motivationspsychologie sehr effektiv. Damit bereiten Sie sich auf den (nicht sehr unwahrscheinlichen) Fall vor, dass Ihnen zwischendurch mal die Puste ausgeht. Damit Sie bei Durchhängern nicht ganz aussteigen, halten Sie sich noch ein Hintertürchen offen. Machen Sie Eventualitäten zum Bestandteil des Programms, indem Sie festlegen, was Sie tun, wenn Ihre Pläne durchkreuzt werden. Zum Beispiel: „Wenn es draußen regnet, mache ich drinnen Übungen." „Wenn ich morgens nicht in die Hufe komme, hole ich meine Walkingrunde abends nach." „Wenn ich keine Lust zum kompletten Training habe, mache ich wenigstens drei Übungen."

Schreiben Sie Erfolge auf

Meist dauert es länger, bis beim Sport erste Erfolge sichtbar werden. Da entsteht am Anfang leicht das Gefühl „Es nützt doch alles nichts". Mit einem Erfolgstagebuch verhindern Sie das. Schreiben Sie jeden Abend auf, was Sie geschafft haben – und zwar selbst dann, wenn es nur Kleinigkeiten sind. Sie können auch notieren, was Sie sich für den Tag oder die ganze Woche vornehmen, und dann abhaken, was Sie absolviert haben. Nach einiger Zeit werden Sie beim Durchblättern feststellen, welch tolle Leistungen Sie vollbringen. Das motiviert zusätzlich. Auch bei einer Ernährungsumstellung ist ein Tagebuch sinnvoll. Darin schreiben Sie alles auf, was Sie wann essen und trinken, und erkennen so schnell Ihre „Schwachstellen".

Patientengeschichten: Trotz Osteoporose wieder aktiv

Zu wenig Bewegung und schlechte Ernährung sind häufig ein Grund für Knochenabbau. Doch manchmal stecken noch andere Ursachen hinter einer Osteoporose. Hormonmangel und zu wenig Vitamin D lassen sich behandeln, wie drei Beispiele aus meinem Praxisalltag zeigen.

Erster Fall

Osteoporose mit 23 Jahren

Sie war beim Joggen im Wald über eine Wurzel gestolpert. Der Sturz verlief nicht besonders dramatisch, trotzdem zog sie sich einen Beckenbruch zu. Diese Art von Verletzung ist meist die Folge schwerer Krafteinwirkungen, wie sie etwa bei Stürzen oder Verkehrsunfällen vorkommen. In leichten Fällen genügt eine konservative Behandlung, in schweren muss operiert werden. Meine 23-jährige Patientin hatte insofern Glück im Unglück – ihr Bruch konnte ohne OP heilen. Das ist bei jüngeren Patienten häufig der Fall. Dennoch hätte das Stolpern bei einer gesunden Knochenstruktur wahrscheinlich nicht zu einem solchen Bruch geführt.

Was stimmte bei dieser Patientin nicht? Auffällig war, dass die junge Frau sehr wenig Gewicht auf die Waage brachte und noch recht kindlich aussah. Hatte sie in diesem jungen Alter bereits eine Osteoporose, wie sie sonst vor allem bei älteren Menschen vorkommt? Die Knochendichtemessung ergab einen auffällig niedrigen Wert und bestätigte den Verdacht. Die genaue Anamnese zeigte noch andere ungewöhnliche Entwicklungen. Die Sportlerin hatte mit 15 Jahren einmal eine Regelblutung gehabt und danach nicht wieder. Eine Blutuntersuchung ergab, dass sie viel zu wenig weibliche Geschlechtshormone hatte. Die Therapie fand deshalb auf zwei Ebenen statt: Die Patientin bekam ein Östrogengel zum Einreiben auf den Unterarm und eine gezielte Ernährungsberatung. Beides schlug gut an. Die junge Frau nahm innerhalb von neun Monaten immerhin drei Kilo zu und ihre Knochendichte erreichte einen normalen Wert im niedrigen Bereich.

Zweiter Fall

Osteopenie durch Nachtarbeit

Ihre Arbeit forderte einer anderen Patientin einiges ab. Als Beschäftigte in einem Großlager musste sie ihren Beruf häufig nachts ausüben und dabei überwiegend sitzen. Die anstrengenden Schichtdienste blieben nicht ohne Folgen. In ihrer Freizeit war die 60-Jährige kaum noch körperlich aktiv. In der Regel verschlief sie die freien Tage. Während die Patientin früher viel mit ihrem Hund unterwegs gewesen war, hatte sie auch das Spazierengehen eingestellt, nachdem der Hund gestorben war. Schwimmen, einst ihr Hobby, ging sie nur noch sehr selten. Ein bisschen, so tröstete sie sich, bewegte sie sich ja immerhin bei Rundgängen im Lager. Doch das reichte nicht, um gesund zu bleiben. Sie fühlte sich abgeschlagen und hatte starke Schmerzen in den Muskeln.

Bei einer Knochendichtemessung zeigte sich, dass der entscheidende Wert für die Diagnose einer Osteoporose, der sogenannte T-Score, im Bereich einer Osteopenie lag, also einer Vorstufe der Osteoporose, in der die Knochen anfangen, ihre Festigkeit zu verlieren, aber noch keine Brüche auftreten. Eine Osteopenie hat keine spezifischen Symptome, kann jedoch mit einer Knochendichtemessung diagnostiziert werden. Weitere Untersuchungen zeigten noch etwas anderes: Der Vitamin-D-Wert lag bei 7 ng/ml, war also dramatisch niedrig. Zum Vergleich: Ein Wert von mindestens 20 ng/ml gilt als optimal für gesunde Knochen (siehe auch Seite 37).

Weil sich ein Vitamin-D-Mangel in diesem Ausmaß nicht allein über Ernährung, Sonneneinstrahlung oder mit mehr Bewegung ausgleichen lässt, war zunächst eine Vitamin-D-Therapie mit entsprechenden Präparaten sinnvoll. Die Patientin lernte gleichzeitig, sich in Maßen Sonnenstrahlen auszusetzen. Das hieß für sie, im Sommer täglich möglichst viel Haut 5 bis 10 Minuten in die Sonne zu halten, ohne dabei einen Sonnenbrand zu bekommen. Nach drei Monaten zeigten sich bei der Patientin deutliche Besserungen. Die 60-Jährige war nicht mehr so abgeschlagen und fühlte sich fit genug, um wieder mit Sport anzufangen. Obwohl es im Winter schwierig ist, genug Sonne zu bekommen, blieb ihre Knochendichte stabil und verschlechterte sich nicht weiter, weil sie sich mehr bewegte.

Dritter Fall

Brüche durch Alltagsbelastungen

Seine Schmerzen nahmen ihm die Freude an der Bewegung. Ein 72-jähriger Patient kam mit anhaltenden Rückenschmerzen im Bereich der Lendenwirbelsäule zu mir. Er hatte ein normales Gewicht, war mäßig, aber regelmäßig aktiv. So kümmerte er sich beispielsweise an den Wochenenden um den Garten, überließ die schweren Arbeiten jedoch Jugendlichen aus der Nachbarschaft. Vor allem morgens nach dem Aufstehen und abends nach anstrengenden Tagen quälten ihn seine Schmerzen so sehr, dass er sich immer weniger bewegte. Er konnte sich weder an einen Unfall noch an eine andere Schädigung, Verletzung oder Verwundung erinnern. Der Rentner hatte schon zahlreiche Therapieversuche hinter sich. Ob Homöopathie, Physiotherapie und Massagen, nichts hatte ihm geholfen. Sein Hausarzt empfahl ihm schließlich Wärme und verschrieb ihm Schmerzmedikamente (Ibuprofen). Urlaubsbedingt wechselte der Patient zufällig den Physiotherapeuten, der ihm riet, einen Orthopäden aufzusuchen. In meiner Praxis zeigte ein Röntgenbild dann zwei Brüche in den Lendenwirbelkörpern, die wir durch eine Operation stabilisierten. Dabei fiel auf, dass der Patient sehr weiche Knochen hatte, was durch eine Dichtemessung bestätigt wurde. Der 72-Jährige hatte Osteoporose, deren Fortschreiten gezielt mit Vitamin D und Bisphosphonaten aufgehalten werden konnte.

Wunderwerk Knochen

Unsere Knochen sind wahre Wunderwerke. Enorm beweglich, super stabil, vergleichsweise leicht und trotzdem schwer belastbar. Wie viele haben wir eigentlich davon? Lässt sich Übergewicht mit schweren Knochen erklären? Warum heilen Brüche bei Kindern schneller? Hier erfahren Sie Wissenswertes rund ums Thema Knochen.

Wandern wirksamer als Medizin

Muskelaufbau mit moderatem Krafttraining bringt sehr viel mehr als Behandlungen mit Medikamenten. Das zeigte eine Studie aus den USA, an der mehr als 10 000 Seniorinnen mit Osteoporose teilnahmen. Patienten, die kein intensives Muskelaufbautraining mehr schaffen, sollten demnach Nordic Walking oder Wandern als Ausdauersport betreiben. Denn diese beiden Sportarten sind schonendes Ganzkörpertraining, das alle Muskeln stärkt, den Stoffwechsel in Schwung bringt und den Verlust der Knochendichte stoppt.

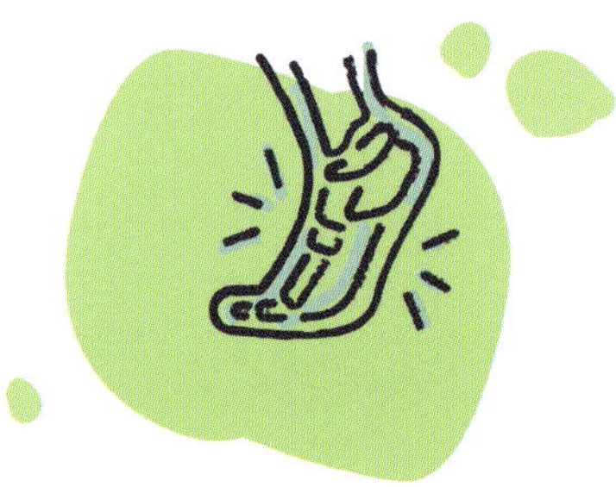

Immer weniger Knochen

Ein Teil unserer Knochen geht bereits früh im Leben verloren. Bei der Geburt haben wir mehr als 300 Knochen beziehungsweise Knorpel. In der Kindheit wachsen einige Knochen zusammen, sodass im Erwachsenenalter nur noch 206 bis 212 übrig sind. Die Zahl lässt sich nicht genau festlegen, weil manche später auch noch zusammenwachsen. Die Hälfte aller Knochen sitzt übrigens in den Händen und Füßen.

Keine Ausrede für Übergewicht

„Ich bin nicht dick. Ich habe nur schwere Knochen." Das ist eine beliebte Ausrede, wenn die Waage ein paar Pfunde zu viel anzeigt. Der Mythos hält sich hartnäckig, es ist aber nichts dran, denn die Knochen eines Erwachsenen wiegen insgesamt nicht mehr als etwa 15 Kilogramm. Da ist es fast gleichgültig, ob jemand dick oder dünn ist. Die Unterschiede sind minimal. Sehr stabile Knochen können im Vergleich zu Knochen mit Osteoporose höchstens zwei Prozent schwerer sein. Frauenknochen sind allerdings ab dem Einsetzen der Wechseljahre zerbrechlicher als die von Männern.

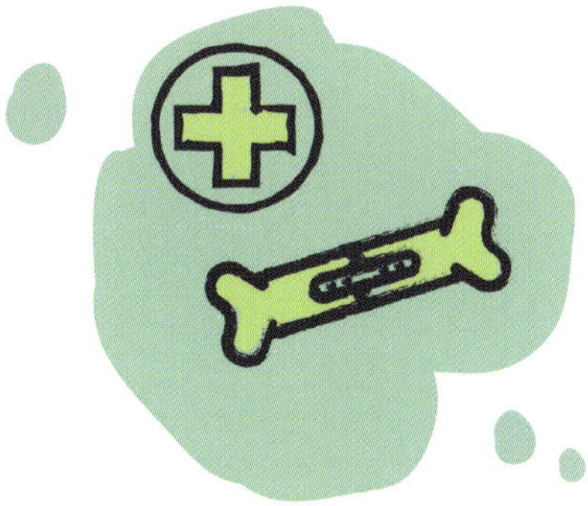

Kinderknochen heilen besser

Warum heilen Knochenbrüche bei Kindern schneller und besser als bei Erwachsenen? Das liegt daran, dass Kinder noch wachsen. Je jünger sie sind, desto besser werden sie mit Frakturen fertig. Bei einem Baby dauert es zwei, bei einem Kind vier bis sechs und bei einem Erwachsenen um die acht Wochen, bis beispielsweise eine Oberschenkelfraktur verheilt ist. Ein Kinderknochen kann nach einem Bruch kleine Fehlstellungen allein durch sein Wachstum korrigieren. Daher müssen Ärzte ihn nicht so genau zusammensetzen wie bei Erwachsenen.

Wussten Sie, dass …

… das Skelett eines Turners super stark ist? Nach einem Salto auf der Matte muss es das Zwanzigfache des Körpergewichts auffangen.

… ein menschlicher Schienbeinknochen so fest ist, dass er eine 1000 Kilogramm schwere Kuh tragen könnte?

… der sogenannte Steigbügel im Ohr unser kleinster und der Oberschenkelknochen der größte Knochen ist?

… der erste Halswirbel Atlas heißt, also nach dem griechischen Gott benannt wurde, der nach der antiken Mythologie den Himmel auf den Schultern trug?

… Erbsenbein, Mondbein und Kopfbein Namen von Knochen sind, die sich in der Hand befinden?

… die Blutbildung bei Erwachsenen vor allem in den Knochen der Wirbelsäule, der Hüfte, der Rippen, der Schultern, des Schädels und des Brustbeins stattfindet?

… der Musikantenknochen eigentlich gar kein Knochen ist, sondern ein Nerv, der über den Ellenbogen verläuft?

… im Knochenmark, einem stark durchbluteten Gewebe, jeden Tag mehrere Milliarden neuer Blutzellen entstehen?

Übungen gegen Osteoporose

Nicht nur wer bereits Osteoporose oder ein erhöhtes Risiko dafür hat, sollte aktiv werden. Starten Sie zu Hasue mit einem einfachen Programm. Hier gibt es kleine Trainingseinheiten für den ganzen Körper. Los geht's mit drei Übungen für mehr Kraft in den Bauchmuskeln.

Übungen: So geht's
Auf den nächsten Seiten finden Sie eine Reihe von Übungen, mit denen Sie Muskeln aufbauen, Ihre Knochen stärken und Ihre Fitness verbessern können. Sie müssen nicht alle Übungen täglich machen; suchen Sie sich zum Start erst einmal die heraus, die Ihnen leichtfallen. Führen Sie sie langsam und exakt aus, sodass Sie die Wirkung spüren. Stellen Sie Ihr Programm dann so zusammen, dass Sie mindestens 10 Minuten täglich trainieren. Es dürfen natürlich auch mehr sein. Wenn Sie die empfohlene Anzahl der Wiederholungen nicht gleich schaffen, ist das nicht schlimm. Probieren Sie es trotzdem. Nach ein paar Trainingseinheiten klappt es bestimmt.

Beinheber

Legen Sie sich zunächst auf den Rücken und schieben Sie die Hände unter den Rücken im Bereich der Lendenwirbelsäule. Strecken Sie die Beine lang aus, ohne sie zu überstrecken. Die Kniegelenke dürfen ruhig leicht gebeugt sein. Dann heben Sie beide Beine nach oben, bis Ober- und Unterkörper einen 90-Grad-Winkel bilden. Aus dieser Position heraus senken Sie zunächst ein Bein langsam ab – und zwar nicht bis auf den Boden, sondern so weit, bis der untere Rücken den Kontakt zum Boden nicht mehr halten kann. Dann heben Sie das Bein wieder hoch in die Ausgangsstellung und senken das andere Bein.

▶ **Tipp:** Wenn diese Übung Sie nicht genug herausfordert, senken Sie beide Beine gleichzeitig nach vorne und zur Seite. Auch dabei werden die Beine nicht auf dem Boden abgelegt.

Senken Sie jedes Bein fünf- bis zehnmal. Wenn Sie merken, dass Sie besser werden, senken Sie das Bein tiefer.

Vierfüßlerstand

Begeben Sie sich in den Vierfüßlerstand, also auf die Hände und Knie. Heben Sie zuerst das linke Bein gestreckt hoch (Bild 1) und dann das rechte. Danach sind der rechte Arm und anschließend der linke dran. Halten Sie Beine und Arme so lange hoch, bis es anstrengend wird. Dann machen Sie eine kurze Pause und setzen erneut an: Diesmal heben Sie erst das rechte Bein und den linken Arm, dann das linke Bein und den rechten Arm zusammen hoch (Bild 2).

▶ **Tipp:** Noch mehr bringt es, wenn Sie das Kniegelenk und den Ellenbogen der jeweils gestreckten Arme und Beine unter dem Bauch langsam zusammen- und wieder auseinanderführen.

1

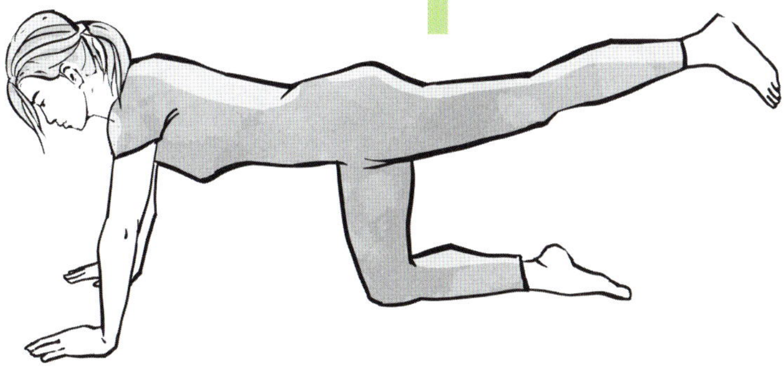

Halten Sie die Arme und Beine so lange hoch, bis Sie sich richtig anstrengen müssen – und dann gerne noch ein bisschen länger.

2

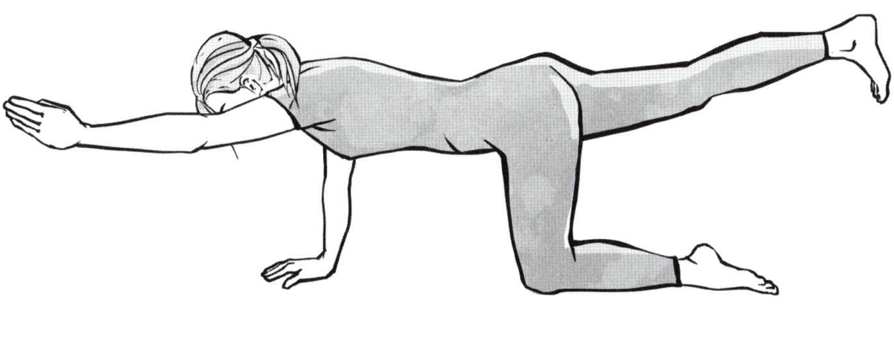

Training für kräftige Beine

Starke Muskeln schützen schwache Knochen. Wer viel läuft und die Beine mit Alltagstätigkeiten fit hält, ist bereits auf einem guten Stand. Mit der Wandhocke und Kniebeugen in verschiedenen Varianten lässt sich aber noch mehr herausholen.

Kniebeuge mit Stuhl

Stellen Sie sich aufrecht vor einen Stuhl. Beide Füße stehen mit der ganzen Sohle auf dem Boden. Die Bauchmuskeln sind angespannt. Der Rücken ist gerade, das Gewicht auf den Fersen (Bild 1). Beugen Sie nun den Oberkörper leicht nach vorne, führen Sie die Arme vor der Brust zusammen und senken Sie das Gesäß ab, bis es die Kante des Stuhls berührt (Bild 2). Setzen Sie sich aber nicht komplett hin. Drücken Sie sich anschließend langsam wieder hoch.

▶ **Tipp:** Wenn Ihnen das zu leicht ist, nehmen Sie Wasserflaschen als Gewichte in beide Hände.

Machen Sie zwei Durchgänge mit jeweils 10 bis 15 Wiederholungen.

Einbeinige Kniebeuge mit Stuhl

Die Beinmuskulatur wird noch stärker gefordert, wenn Sie die Kniebeuge mit Stuhl auf einem Bein machen. Stellen Sie sich dafür mit hüftbreit geöffneten Beinen rückwärts vor einen Stuhl oder einen Hocker. Strecken Sie ein Bein und beide Arme auf Schulterhöhe nach vorne. Nun senken Sie das Gesäß langsam ab. Schultern, Kopf und Rücken bleiben dabei gerade. Auch hier gilt: Setzen Sie sich nicht auf den Stuhl, sondern berühren Sie die Sitzfläche nur kurz an der Kante, bevor Sie sich auf einem Bein wieder hochdrücken.

▶ **Tipp:** Wenn Sie das locker schaffen, machen Sie mehr Wiederholungen. Wenn Ihnen die Übung (noch) zu schwer ist, legen Sie ein Kissen auf den Stuhl.

Wiederholen Sie die Übung auf jeder Seite zwei- bis fünfmal.

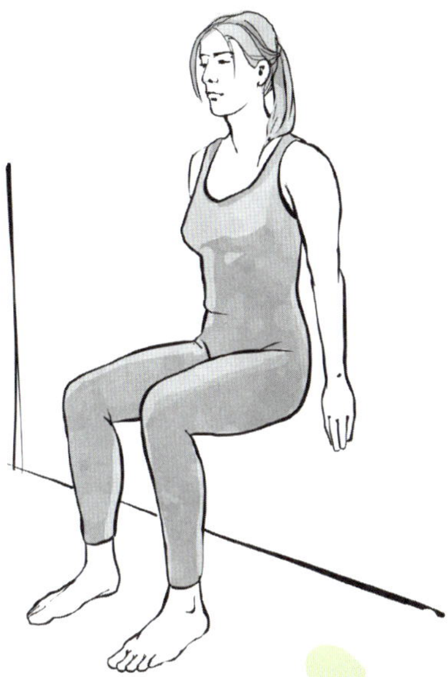

Halten Sie die Position 15 Sekunden. Wenn Sie richtig fit sind, schaffen Sie 60 Sekunden.

Wandhocke

Bei dieser Übung machen Sie nichts anderes, als an der Wand zu sitzen. Das hat es aber in sich. Stellen Sie sich mit kleinem Abstand vor eine Wand, der etwa der Länge Ihrer Oberschenkel entspricht. Das ist ungefähr ein Schritt. Die Beine sind hüftbreit geöffnet. Die Arme hängen neben dem Körper. Nun drücken Sie den Oberkörper locker gegen die Wand und rutschen mit dem Rücken so weit herunter, dass Ober- und Unterschenkel einen 90-Grad-Winkel bilden. Die Oberschenkel halten Sie parallel zum Boden. Drücken Sie die Lendenwirbelsäule fest gegen die Wand und halten Sie die Position.

▶ **Tipp:** Sie möchten mehr? Dann können Sie sich Gewichte auf die Oberschenkel legen oder jeweils ein Bein vom Boden abheben.

Für Gesäß und Oberschenkel

Der Beckenlift gilt als Geheimtipp für einen straffen Po. Er trainiert zugelich aber auch die Bauchmuskeln und die hintere Oberschenkelmuskulatur. Mit verschiedenen Varianten lässt sich die Übung intensivieren.

Beckenlift

Legen Sie sich auf einer Matte auf den Rücken. Stellen Sie die Füße mit der ganzen Sohle auf den Boden. Unter- und Oberschenkel bilden dabei einen Winkel von etwa 90 Grad. Die Arme liegen lang neben dem Oberkörper, der Blick ist nach oben gerichtet (Bild 1). Nun heben Sie das Becken so hoch, dass Oberkörper und Beine eine gerade Linie bilden (Bild 2). Halten Sie das Becken 20 bis 30 Sekunden hoch und senken Sie es langsam wieder ab in die Ausgangslage.

▶ **Tipp:** Sie können die Übung intensivieren, indem Sie die Beine weiter vom Oberkörper entfernt aufstellen.

1

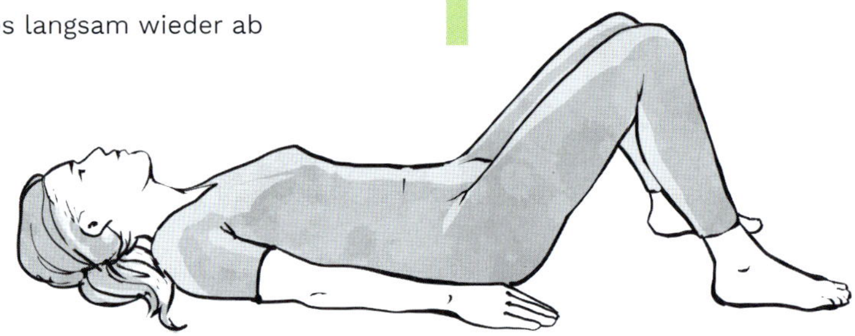

Wiederholen Sie das Heben und Senken sechsmal jeweils 20 bis 30 Sekunden.

2

Beckenlift auf einem Bein

Auch diese Übung beginnt in der Rückenlage. Sie gehen wie bei der Übung links in den Beckenlift. Die Arme liegen lang neben dem Oberkörper, der Blick ist nach oben gerichtet. Jetzt strecken Sie ein Bein, sodass Oberkörper und Oberschenkel eine Linie bilden. Damit die Lendenwirbelsäule nicht überlastet wird, sollten Sie das Bein nicht höher heben. Halten Sie nicht die Luft an, sondern atmen Sie regelmäßig ein und aus.

▶ **Tipp:** Auch hier erhöhen Sie die Schwierigkeit, indem Sie den Abstand zwischen Oberkörper und Beinen vergrößern. Eine weitere Variante: Schlagen Sie den rechten Fuß über das linke Bein und umgekehrt.

Halten Sie dreimal das linke und dreimal das rechte Bein jeweils 30 Sekunden hoch.

1

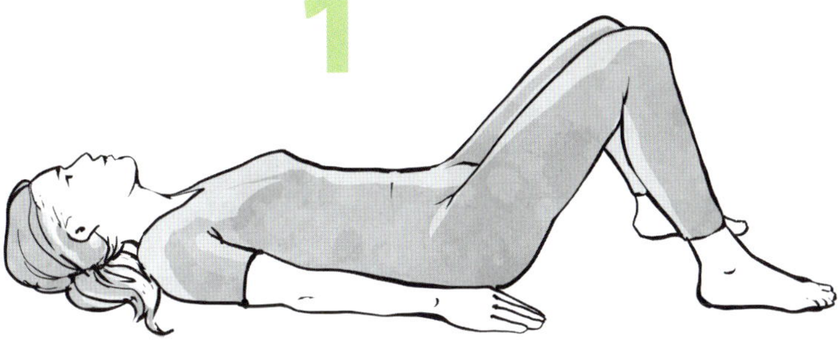

2

Halten Sie durch

Knochen brauchen Belastungen – und dafür müssen Sie ein bisschen durchhalten. Wer schnell aus der Puste ist, sollte seine Ausdauer trainieren. Am besten mit Bewegungen, die die Knochen stauchen – zum Beispiel mit Laufen oder Springen.

Jumping Jack

Der Klassiker unter den Fitnessübungen beginnt im Stand mit leicht geöffneten Beinen und locker hängenden Armen (Bild 1). Aus dieser Position heraus springen Sie mit beiden Beinen in die Grätschstellung (Bild 2) und führen dabei die Hände seitlich über dem Kopf zusammen (Bild 3). Anschließend springen Sie ohne Pause wieder zurück in die Ausgangsstellung. Achten Sie darauf, dass Sie weich landen. Der Körper wird dabei aufrecht gehalten und ist komplett angespannt.

▶ **Tipp:** Schwieriger wird die Übung, wenn Sie das Tempo erhöhen.

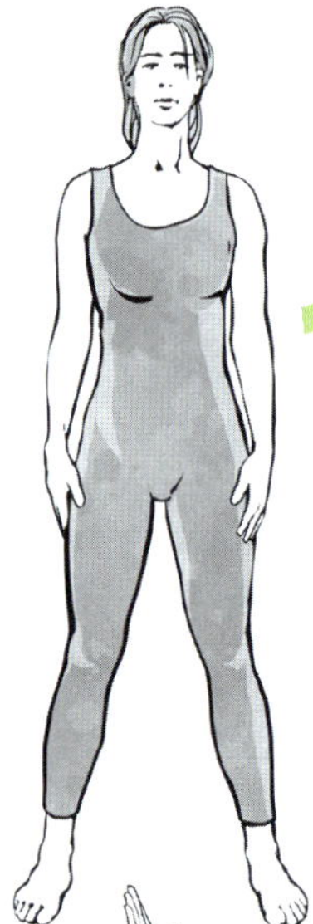

1

2

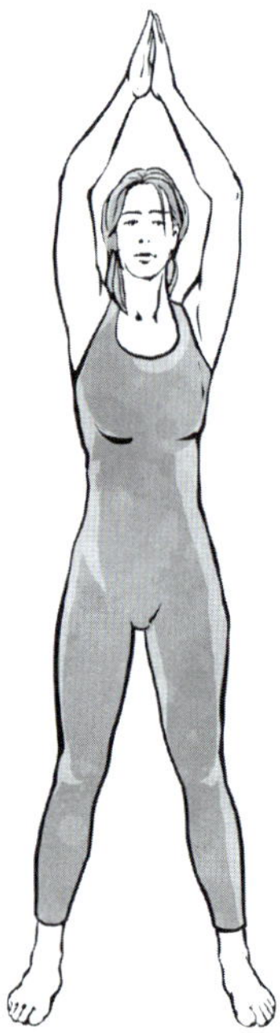

3

Starten Sie mit 10 Jumping Jacks. Wenn Sie die gut schaffen, erhöhen Sie die Anzahl.

Springen mit Kniehochziehen

Bei dieser Übung geht es nicht ums Laufen, sondern ums Springen. Hüpfen Sie auf der Stelle und heben Sie bei jedem Sprung ein Knie möglichst hüfthoch an – abwechselnd das linke und das rechte. Dabei werden die Oberarme eng am Oberkörper gehalten. Die Unterarme bewegen Sie im Gegenrhythmus zu den Beinen. Ist das linke Bein vorne, geht der rechte Unterarm nach vorne und umgekehrt.

▶ **Tipp:** Wenn Ihnen die Beinwechsel zu schnell gehen, machen Sie jeweils einen Zwischenhüpfer auf einem Bein, bevor Sie die Seite wechseln.

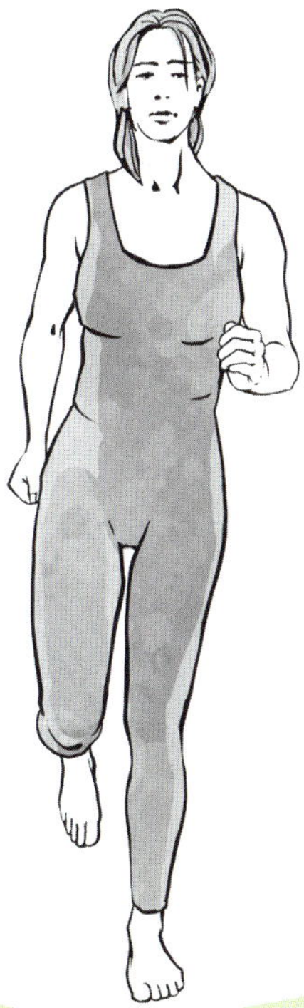

Beginnen Sie mit 1 Minute. Wenn Sie das locker schaffen, laufen Sie länger.

15 Sekunden, wenn Sie die Knie hüfthoch anziehen. 30 Sekunden, wenn Sie die Knie nur leicht anziehen.

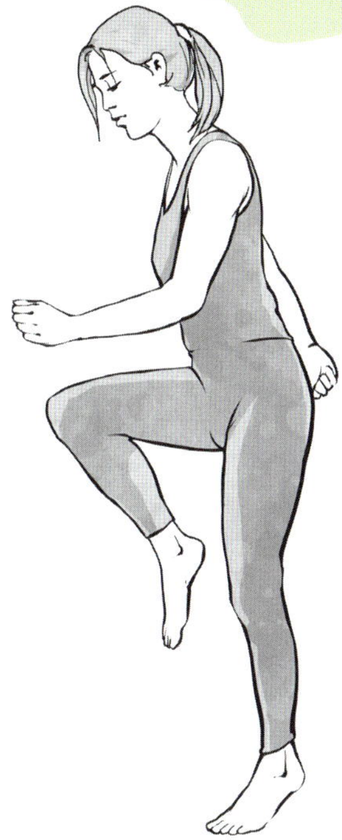

Laufen auf der Stelle

Stellen Sie sich hüftbreit auf. Halten Sie den Oberkörper aufrecht. Nun laufen Sie auf der Stelle. Dabei heben Sie die Füße vom Boden ab (also kein schnelles Gehen) und bewegen die Arme entgegengesetzt mit – das heißt, wenn das linke Bein in der Luft ist, geht der rechte Arm angewinkelt nach vorne. Landen Sie auf den Fußballen, also weder auf der Ferse noch auf den Zehen. Je höher Sie die Beine heben, desto besser.

▶ **Tipp:** Wenn Sie mehr wollen, können Sie zwischendurch schnellere Sprints einlegen oder beim Laufen Wasserflaschen als Gewichte tragen.

Schwingen Sie sich fit

Mit dem Schwingstab erreichen Sie tief liegende Muskeln, an die Sie sonst gar nicht herankommen. Das ist zum Beispiel für den Rücken sehr wichtig. Das „Wackeltraining“ gleicht einseitige Bewegungen aus und fördert Gleichgewicht und die Koordination.

Schwingen im Stand

Stellen Sie sich aufrecht hin. Die Beine sind etwas mehr als schulterbreit geöffnet. Den Schwingstab halten Sie parallel zum Boden mit beiden Händen von oben locker vor der Brust. Dann schwingen Sie den Stab vor und zurück.

▶ **Tipp:** Achten Sie darauf, dass der Oberkörper aufrecht ist. Halten Sie die Schulterblätter tief, also die Schultern nicht zu den Ohren ziehen.

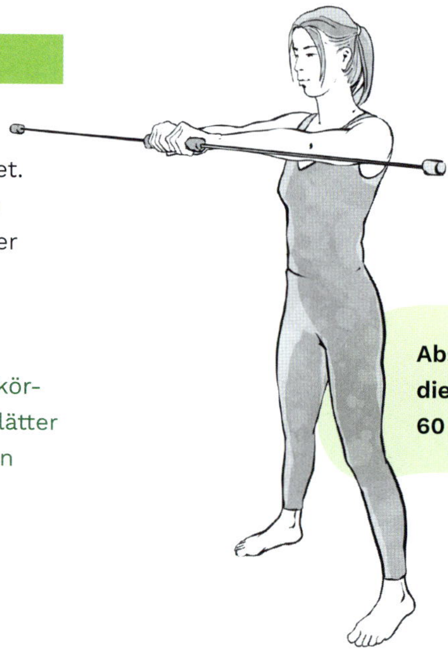

Absolvieren Sie die Übung 30 bis 60 Sekunden.

Halten Sie 30 bis 60 Sekunden durch.

Bauch stärken

Setzen Sie sich auf den Boden. Die Beine sind nicht ganz ausgestreckt, sondern werden locker gehalten. Die Fersen stehen auf dem Boden. Halten Sie die Stange mit beiden Händen waagerecht vor der Brust und bringen sie sie dort in Schwingung (vor und zurück).

▶ **Tipp:** Stoppen Sie den Bewegungsablauf, wenn der Stab nicht im Rhythmus „zittert“, und setzen Sie erneut an.

Rücken dehnen

Umfassen Sie den Stab mit beiden Händen von oben. Strecken Sie die Arme auf Kopfhöhe nach vorne, halten Sie sie parallel zum Boden und schieben Sie das Gesäß nach hinten, sodass Sie eine Kniebeuge machen. Schwingen Sie den Stab in dieser Position vor und zurück.

▶ **Tipp:** Versuchen Sie, den Rücken möglichst gerade zu halten (kein Buckel, kein Hohlkreuz). Nach jedem Durchgang einmal kurz strecken und den Brustkorb dehnen, indem sie die Schultern nach hinten ziehen.

Halten Sie 30 bis 60 Sekunden durch.

Trainieren Sie jede Seite 30 bis 60 Sekunden.

Für die Schulter

Für diese Übung stellen Sie sich im leichten Grätschstand auf und nehmen den Schwingstab in die rechte Hand. Der rechte Arm wird seitlich ausgestreckt. Bringen Sie den Stab in Schwingung – zum Körper hin und vom Körper weg. Danach ist der andere Arm dran.

▶ **Tipp:** Achten Sie beim Schwingen darauf, den Arm jeweils stabil zu halten, sodass die Schultern unten bleiben. Die Handgelenke sind in einer neutralen Position, die Handrücken bilden mit den Unterarmen eine Linie.

Fitness für den Oberkörper

Starke Arme, eine ausgeprägte Brustmuskulatur und durchtrainierte Schultern sehen nicht nur gut aus. Sie sind auch gesund, weil Muskeln die Gelenke und Knochen schützen. An der Wand, auf dem Tisch und mit Wasserflaschen stärken Sie den gesamten Oberkörper.

Wandliegestütz

Stellen Sie sich aufrecht vor eine Wand. Um den richtigen Abstand zu finden, strecken Sie die Arme nach vorne, sodass Sie die Wand mit den ganzen Handflächen berühren können. Dann machen Sie einen kleinen Schritt nach hinten. Der Abstand beträgt etwas mehr als eine Armlänge. Die Beine stehen hüftbreit, die Arme halten Sie auf Schulterhöhe etwa schulterbreit. Die Finger zeigen nach oben, die Knie sind leicht gebeugt. Neigen Sie den Oberkörper nach vorne und beugen Sie beide Arme, bis der Kopf fast die Wand berührt. Der Rücken bleibt gerade (Bild 1). Anschließend drücken Sie sich wieder von der Wand weg. Die Arme werden dabei nicht vollständig durchgedrückt.

▶ **Tipp:** Wenn Sie mehr erreichen möchten, stellen Sie die Füße weiter von der Wand weg. Noch schwieriger wird es, wenn Sie eine Hand auf den Rücken legen und die Übung nur mit einem Arm machen (Bild 2).

1

2

Machen Sie zwei bis drei Durchgänge mit je 10 Wiederholungen.

Tischliegestütz

Für diese Übung brauchen Sie einen stabilen Tisch. Stellen Sie sich mit hüftbreiten Beinen und schulterbreiten Armen mit etwas Abstand vom Tisch auf und gehen Sie mit den Händen auf die Tischkante. Beugen Sie sich dann so weit herunter, dass die Brust fast den Tisch berührt. Machen Sie keinen Buckel, sondern halten Sie den Rücken ganz gerade. Anschließend strecken Sie die Arme wieder (aber nicht ganz durch).

▶ **Tipp:** Wenn Sie mehr erreichen möchten, wählen Sie einen niedrigeren Tisch oder einen anderen nicht so hohen Gegenstand. Und: Atmen nicht vergessen! Auch bei der Belastung immer wieder rhythmisch ein- und ausatmen.

Machen Sie zwei bis drei Durchgänge mit je 10 Wiederholungen.

Zwei bis drei Durchgänge mit je 10 Wiederholungen sind für den Einstieg optimal.

Flaschenheber

Diese Übung können Sie im Stehen oder im Sitzen machen. Halten Sie in jeder Hand eine Wasserflasche. Neigen Sie sich leicht nach vorne und heben Sie jeweils eine Flasche mit leicht gebeugten Ellenbogen maximal nach vorne und nach hinten an. Halten Sie die Endposition jeweils kurz. Wichtig: Der Rücken muss dabei gerade bleiben.

▶ **Tipp:** Sie trainieren zusätzlich die obere Rückenmuskulatur, wenn Sie den „Schmetterling“ machen. Dafür im hüftbreiten Stand die Flaschen in die Hände nehmen, die Arme seitlich nicht ganz durchgestreckt bis auf Höhe der Ohren heben und langsam in die Ausgangsposition zurückkehren.

Das können Sie (auch) für sich tun

Natürlich muss man akute Schmerzen behandeln, damit sie nicht chronisch werden und eine Bewegungstherapie überhaupt beginnen kann. Zum Glück gibt es in der modernen Naturheilkunde wirksame Methoden, mit denen Osteoporose-Patienten ihre Lebensqualität erhalten und Schmerzen zeitig vorbeugen beziehungsweise sie lindern können.

Die Stärke der Naturheilverfahren liegt vor allem in den Bereichen Ernährung und Bewegung. Sie können aber noch mehr tun, um besser mit der Krankheit und den daraus resultierenden Schmerzen zu leben.

Sturzsicheres Heim

Falls Sie bereits Osteoporose haben, machen Sie Ihre Umgebung sturzsicher. Achten Sie in der Wohnung auf rutschfeste Böden und eine ausreichende Beleuchtung, beseitigen Sie herumliegende lose Kabel und Stolperkanten. Lassen Sie regelmäßig Ihre Sehkraft überprüfen und sorgen Sie im Zweifelsfall für eine geeignete Brille. Auch einige Medikamente wie Beruhigungsmittel oder Blutdrucksenker können das Sturzrisiko erhöhen. Besprechen Sie daher den Medikamentenplan mit Ihrem Arzt.

Heublumen- oder Ingwersack

Ein Heublumensack ist ein altes Hausmittel gegen Schmerzen. Füllen Sie ein Säckchen (gibt's in der Apotheke) mit Heublumen und erhitzen Sie es nach Packungsanweisung im Wasserdampf. Auf die schmerzende Stelle legen, mit einem Handtuch abdecken und etwa 20 Minuten wirken lassen. Schneller geht's mit einem Kirschkernkissen, das in der Mikrowelle erwärmt wird.

Schmerzbehandlung

Nur am Anfang verläuft Osteoporose unbemerkt. Später werden Beschwerden zu Dauerbegleitern. Wenn bei Osteoporose Knochenschmerzen oder Verspannungen auftreten, ist Wärme das einfachste Hausmittel (siehe Kasten unten). Auch der Wechsel zwischen kalt und warm kann hilfreich sein. Kneippsche Anwendungen mit Wasser und Trockenbürsten verbessern die Durchblutung und damit die Ernährung der Knochensubstanz. Probieren Sie folgende Maßnahmen aus:

- Wechselduschen: 1 bis 3 Minuten warm duschen, danach kalt abduschen
- Wechselanwendungen, also Arme und Füße abwechselnd in warmes und kaltes Wasser halten
- Sie können Ihren Kreislauf auch jeden Morgen mit Trockenbürsten aktivieren und damit den Stoffwechsel ohne Waser anregen

Neuraltherapie
Damit die Muskultaur sich lockert und Bewegung wieder Freude macht, kann zum Beispiel die sogenannte Neuraltherapie helfen. Hierbei spritzt der Therapeut gezielt Betäubungsmittel als Quaddel unter die Haut. Auch einige Verfahren mit Strom haben sich bei der Schmerzlinderung und Stoffwechselaktivierung bewährt (Elektrotherapie, TENS). Im Rahmen einer Thermotherapie nutzt man die tiefgehende Wirkung der Wärme bei Kurzwellenbestrahlung, Moorbädern oder Fangopackungen.

Selbsthilfegruppe

Sich selbst helfen ist bei vielen chronischen Erkrankungen von großem Wert. Denn wenn Sie es nicht tun, wer wird es dann für Sie machen? Sie können sich in Selbsthilfegruppen Unterstützung suchen. Das motiviert beispielsweise beim regelmäßigen Training, man kann Rezepte austauschen, sich freundschaftlich Rückhalt und Feedback geben oder auch gemeinsam mit Spaß die Freizeit gestalten. Schließlich hat man ein großes verbindendes Thema und bleibt nicht mehr mit Fragen und Problemen allein. Seine Gesundheit bei Osteoporose selbst in die Hand zu nehmen ist, neben der ärztlichen Behandlung, ein großer Schritt zur erfolgreichen Therapie. Kontakte finden Sie über www.osteoporose-deutschland.de und www.osd-ev.org.

Achtsamkeitstraining

Ein Leben mit chronischen Schmerzen ist nicht leicht. In der Schmerzforschung hat sich gezeigt, dass Behandlungsmethoden, die auf Achtsamkeit basieren, positive Wirkung haben. Die Probleme verschwinden davon zwar nicht, aber es wird leichter, damit zu leben. Der Schlüssel zur Linderung liegt dann in der Akzeptanz der Schmerzen. Wer in der Lage ist, Achtsamkeit und Stressreduktion gezielt einzusetzen, fühlt sich weniger ausgeliefert und hat stattdesen das Gefühl, selbst etwas tun zu können. Besonders bewährt hat sich die sogenannte Mindfulness Based Stress Reduction (MBSR), ein achtsamkeitsbasiertes Stressreduktionsprogramm aus den 1970er-Jahren. Das kann man in Kursen, Büchern oder online lernen.

Atem beobachten

Wenn wir ruhig und gelassen atmen, entspannen sich auch unsere Muskeln besser. Absichtslos und ohne etwas Besonderes dabei zu tun, beobachten Sie, wie Ihr Atem aus- und einströmt. Stellen Sie sich dazu einen Timer auf fünf Minuten. Später können Sie die Übung auch länger machen, wenn Sie Ihnen guttut.

- Finden Sie einen guten, aufrechten Sitz, ziehen Sie die Wirbelsäule bewusst in die Länge, die Schultern sind entspannt. Legen Sie die Handrücken locker auf die Oberschenkel oder die Hände ineinander auf den Schoß.
- Spüren Sie Ihren Atem, ohne ihn zu verändern oder zu steuern. Lassen Sie ihn so kommen, wie er kommen möchte, und machen ihn sich einfach bewusst.
- Wenn Ihre Gedanken abschweifen, lösen Sie sich von ihnen und spüren wieder Ihren Atem.
- Seien Sie geduldig mit sich selbst. Wenn es Ihnen hilft, können Sie auch in Gedanken leise das Wort „ein“ beim Einatmen und „aus“ beim Ausatmen zu sich sagen.
- Sobald das Weckersignal ertönt, richten Sie Ihre Aufmerksamkeit langsam wieder auf Ihre Umgebung.

Sachregister

Rezeptregister

D

E

F

G

H

L

M/N

P/Q

R

S

T

W/Z

Die Autoren

Holger Stromberg wuchs im elterlichen Gasthaus im nordrhein-westfälischen Waltrop auf. Die Kunst des Kochens und das leidenschaftliche Interesse an Lebensmitteln haben ihm Vater und Mutter quasi in die Wiege gelegt. Nach seinen Lehrjahren in der Sterne-Gastronomie erarbeitete er sich als jüngster Koch Deutschlands mit 23 Jahren den Michelin-Stern. Als Präsident der Köchevereinigung „Junge Wilde e.V." revolutionierte er die avantgardistische Foodszene in Deutschland. Ab 2003 ging er mit seinen europaweit agierenden Gastro- und Consulting-Unternehmen f.e.b. GmbH und STROMBERG* Consulting GmbH eigene Wege. Zehn Jahre lang (bis 2017) begleitet er im DFB-Betreuerstab als Ernährungscoach und Koch die deutsche Fußballnationalmannschaft. 2021 stieg er als Co-Founder bei der Organic Garden AG ein.

Dr. med. Helge Riepenhof gehört zur sportmedizinischen Elite Europas. Er ist Facharzt für Orthopädie und Unfallchirurgie, Physikalische und Rehamedizin sowie Sportmediziner und Chefarzt im BG Klinikum Hamburg. Seit vielen Jahren gehört er zu den renommierten Bewegungs-Docs in der gleichnamigen NDR-Serie, in der Patienten mit Bewegung statt mit Medizin erfolgreich behandelt werden. Außerdem betreut Helge Riepenhof Spitzensportler bei Olympischen Spielen und Weltmeisterschaften sowie Profi-Fußballmannschaften wie den AS Rom in Italien oder RB Leipzig. Er lehrt als Sportmediziner an den Universitäten Osnabrück und Lübeck und setzt auf Prävention, Rehabilitation und konservative Behandlungsformen. Sein Motto lautet: Gesund werden, gesund bleiben – mit dem richtigen Trainingsprogramm kann es jeder schaffen!

Hinweis

Die Ratschläge in diesem Buch wurden mit größter Sorgfalt von Autoren und Verlag erarbeitet und geprüft. Eine Garantie kann jedoch nicht übernommen werden. Ebenso ist eine Haftung der Autoren bzw. des Verlags und seiner Beauftragten für Personen-, Sach- oder Vermögensschäden ausgeschlossen. Erkrankungen mit ernstem Hintergrund gehören in ärztliche Behandlung! Bei bereits bestehenden Beschwerden kann das Buch daher keinen fachärztlichen Rat ersetzen.

ZU DEN AUTOREN

Wenn es um gesunde Knochen geht, setzen Sportmediziner **Dr. Helge Riepenhof** und Spitzenkoch **Holger Stromberg** auf ganz natürliche Therapien, die garantiert frei von unerwünschten Nebenwirkungen sind: gesunde Ernährung und gezielte Bewegung gegen Osteoporose. Das funktioniert ganz wunderbar, denn vor allem pflanzliche Lebensmittel, regelmäßiges Training und ein knochengesunder Lebensstil haben eine vorbeugende und heilende Wirkung. Dass es schmeckt und Spaß macht, als Betroffener selbst aktiv zu werden, beweisen die beiden Autoren mit ihrem gemeinsamen Programm aus alltagstauglichen Genussrezepten und Übungen für starke Knochen.

Weitere Bücher der Autoren bei ZS:

- → Dr. H. Riepenhof/H. Stromberg: Stark gegen Schmerzen
- → Dr. H. Riepenhof/Dr. C. Sturm/ Dr. M. Hümmelgen: Die Bewegungs-Docs

IMPRESSUM

Hinter jedem tollen Buch steckt ein starkes Team

Projektleitung: *Kathrin Ullerich*
Texte: *Anna Cavelius, Franziska Pfeiffer*
Lektorat: *Kathrin Gritschneder*
Covergestaltung: *Zero Werbeagentur, München*
Grafische Gestaltung: *Zero Werbeagentur, München*
Satz: *Christopher Hammond, ZERO Werbeagentur, München*
Fotos: *Coco Lang (andere siehe Bildnachweis)*
Foodstyling: *Sven Dittmer*
Illustrationen: *Jan Russok (Übungen), Shutterstock*
Herstellung: *Frank Jansen*
Producing: *Jan Russok*
Druck & Bindung: *aprinta druck GmbH, Wemding*

1. Auflage 2022

Kaiserstraße 14 b
D-80801 München
ISBN: 978-3-96584-205-2

BILDNACHWEIS

Shutterstock: S. 31, 33, 42, 43, 46, 47, 48, 49

FOOD FOTOS

Im Buch enthaltene Fotos können zur eigenen Nutzung erworben werden unter *www.stockfood.de*

LIEBE LESER*INNEN

wie schön, dass Sie ein Buch von ZS in den Händen halten. „jetzt leben!“ ist das Motto unseres Verlages. Es steht für Genuss und Inspiration, Unterstützung und Motivation. Ob Kulinarik oder Fitness, Gesundheit oder Lebenshilfe – seit über 30 Jahren bieten wir kompetente Ratgeber für (fast) alle Lebenslagen. Wir lieben Tradition genauso wie Innovation – sie treiben uns an. Unsere Autor*innen sind Menschen, die zu ihrem Thema wirklich etwas zu sagen und zu schreiben haben. Unsere Produkte sind erzählerisch, appetitmachend und als gedruckte Bücher haptisch echte Erlebnisse. Für Sie mit ganz viel Liebe gemacht! Entdecken Sie mehr aus unserer wunderbaren Welt!

UNSER VERLAGSHAUS

Mit Standorten in München, Hamburg und Berlin zählt die Edel Verlagsgruppe zu den größten unabhängigen Buchanbietern Deutschlands. Zur Edel Verlagsgruppe gehört unter anderem ZS mit seinen Lizenzmarken Dr. Oetker Verlag, Kochen & Genießen und Phaidon by ZS.

ZS - Ein Verlag der Edel Verlagsgruppe
www.zsverlag.de
www.facebook.com/zsverlag
www.instagram.com/zsverlag

FÜR DIE UMWELT

ZS unterstützt bei der Produktion dieses Buches das Projekt „Junge Riesen für die nächsten 100 Jahre“ im Naturpark Nossentiner/Schwinzer Heide. Damit wird ein Anteil der unvermeidbaren CO_2-Emissionen im direkten Umfeld des Produktionsstandortes kompensiert.

PARTNER
Naturpark
Nossentiner / Schwinzer Heide
www.optimal-media.com/naturschutzprojekt-001

NEWSLETTER

Ab sofort Wissenswertes rund um das Thema Gesundheit und praktische Tipps zu Ernährung sowie Bewegung nicht mehr verpassen!

Melden Sie sich jetzt beim ZS Newsletter an und bleiben Sie über neue Bücher, Themenschwerpunkte und News immer informiert.

ANMELDEN!

Jetzt anmelden unter:
www.zsverlag.de/newsletter

GEWINNEN

Unter allen Neuabonnierenden verlosen wir jeden Monat 10 neue Bücher und jährlich eine Gesundheits-Box von ZS.